全国教育科学"十二五"规划教育部重点课题
"边疆少数民族地区小学数学教学中融入数学文化的调查研究"（DMA150217）

民族地区
小学数学文化教学研究

吴　骏◎著

云南大学出版社
YUNNAN UNIVERSITY PRESS
·昆　明·

图书在版编目（CIP）数据

民族地区小学数学文化教学研究 / 吴骏著. -- 昆明：云南大学出版社，2020
ISBN 978-7-5482-4152-2

Ⅰ. ①民… Ⅱ. ①吴… Ⅲ. ①小学数学课－教学研究 Ⅳ. ①G623.502

中国版本图书馆CIP数据核字(2020)第192454号

策划编辑：张丽华
责任编辑：张丽华
封面设计：任 微

民族地区
小学数学文化教学研究

吴 骏◎著

出版发行：云南大学出版社
印　　装：昆明理煌印务有限公司
开　　本：787mm×1092mm 1/16
印　　张：15
字　　数：250千
版　　次：2020年10月第1版
印　　次：2020年10月第1次印刷
书　　号：ISBN 978-7-5482-4152-2
定　　价：60.00元

地　　址：昆明市一二一大街182号（云南大学东陆校区英华园内）
邮　　编：650091
发行电话：0871-65033244 65031071
网　　址：http://www.ynup.com
E-mail：market@ynup.com

若发现本书有印装质量问题，请与印厂联系调换，联系电话：0871-64167045。

前　言

长期以来，我国小学数学教育对数学知识与技能的训练关注较多，而一定程度上忽视了与数学密切相关的人文因素。随着社会的发展和人类的不断进步，数学文化在数学教育中的作用也日益凸显。通过数学文化的学习，不仅可以让小学生了解数学与人类社会发展息息相关，进一步体会数学的价值，而且还能增强小学生学习数学的动力。

《义务教育数学课程标准》（2011 版）中明确强调"数学是人类文化中的重要组成部分"，并且明确提出"数学文化作为教材的组成部分，应渗透在整套教材中"。可见，数学文化已被正式纳入基础教育阶段的数学课程标准体系之中。伴随数学课程改革的不断深入，越来越多的教师、学者以及专家开始重视数学文化，数学文化已经成为数学课程的一个重要组成部分。

我国是一个多民族国家，由于历史、自然等各方面的因素，一些少数民族地区教育整体发展水平与全国平均水平相比仍有较大差距，加强民族教育薄弱环节建设一直是党和国家的关注点。近年来，国内外学者开始关注民族数学文化的研究，云南作为我国少数民族种类最多的省份，其教育也极具特殊性、多样性和复杂性，开展云南民族地区小学数学文化研究对民族地区小学生数学教育发展有着重要意义。

本书针对云南少数民族地区小学数学文化的教学进行研究，主要包括小学数学教材中的数学文化、民族地区小学数学文化教学调查、民族数学文化元素的挖掘及其应用三个方面的内容。全书由七章内容构成，各章内容概述如下：

第 1 章是小学数学文化研究概述。本章梳理了文化、数学文化、民族数学、民族数学文化、教师数学文化素养、小学数学教材中的数学文化、小学数学教学融入数学文化的实践、小学数学文化教学现状的调查方面的研究。

第 2 章是关于小学数学教材中的数学文化内容的研究。采用内容分析法和文献计量法，从栏目设置、内容分布、运用水平、呈现方式等方面对人教版、苏教版、北师大版小学数学教材中的数学文化内容进行比较。此外，还分析了人教版小学数学教材中的少数民族元素。

第 3、4、5 章是关于民族地区小学数学文化教学调查的研究。其中第 3 章是调查设计，主要包括研究对象、研究工具、数据的处理与分析等。

第 4 章对民族地区小学数学教师的数学文化素养进行调查。采用定量研究与定性研究相结合的方法，从数学文化认识、数学文化知识、数学文化运用三个方面考察小学数学教师的数学文化素养。

第 5 章对民族地区小学生的数学文化知识进行调查。采用定量和定性的方法对民族地区小学生的数学文化知识的掌握进行调查，调查内容主要包括数学知识的产生、数学思想与方法、数学的应用、数学家的故事四个方面；另外，还调查了小学生数学文化的学习情况。

第 6、7 章是关于民族数学文化元素的挖掘及其应用的研究。其中第 6 章是对民族数学文化元素的素材的挖掘。本研究立足云南，挖掘丽江纳西族、红河哈尼族、新平彝族傣族、大理白族、迪庆藏族等民族数学文化元素，为小学数学教学中融入民族数学文化提供素材。

第 7 章是关于把民族数学文化融入小学数学课堂教学实践中的分析。收集民族数学文化教学案例，从内容分布、教学环节、运用水平、教学功能等方面对民族地区小学数学教学中融入民族数学文化进行分析。

本书在写作过程中，得到云南师范大学朱维宗教授、德宏师范高等专科学校周长军教授、普洱学院吴波教授、丽江师范高等专科学校赵建红教授、玉溪师范学院文萍副教授、云南教育报社刘杰老师、云南省教科院管尤跃教研员、德宏陇川教育局穆勒滚教研员、建水县教育局马维教研员的大力支持！云南师范大学小学教育专业硕士研究生徐锦野、匡双林、武斌、敬婷、夏菲，以及本科学生王胜男、寸立珊、白雄梅、字伟莲、永姐拉木等提供了部分素材。在此一并致谢。

吴 骏

2020 年 6 月

目　　录

第 1 章　小学数学文化研究概述 …………………………………（1）
　1.1　文　化 …………………………………………………………（1）
　1.2　数学文化 ………………………………………………………（2）
　1.3　民族数学 ………………………………………………………（4）
　1.4　民族数学文化 …………………………………………………（7）
　1.5　教师数学文化素养 ……………………………………………（8）
　1.6　小学数学教材中呈现的数学文化 ……………………………（10）
　1.7　小学数学教学中融入数学文化的实践 ………………………（13）
　1.8　小学数学文化教学现状的调查 ………………………………（15）

第 2 章　小学数学教材中的数学文化 ……………………………（17）
　2.1　不同版本小学数学教材中的数学文化 ………………………（17）
　　2.1.1　三种版本教材的基本信息 ………………………………（17）
　　2.1.2　数学文化的栏目设置 ……………………………………（18）
　　2.1.3　数学文化的内容分布 ……………………………………（20）
　　2.1.4　数学文化的课程分布 ……………………………………（28）
　　2.1.5　数学文化的年级分布 ……………………………………（29）
　　2.1.6　数学文化的运用水平 ……………………………………（30）
　　2.1.7　数学文化的呈现形式 ……………………………………（34）
　　2.1.8　研究结论与建议 …………………………………………（36）
　2.2　人教版小学数学教材中的少数民族元素 ……………………（38）
　　2.2.1　少数民族元素的内容分布 ………………………………（38）
　　2.2.2　少数民族元素的呈现方式 ………………………………（42）

2.2.3　少数民族元素的运用水平……………………………………（45）
　　2.2.4　结论与启示…………………………………………………（48）

第3章　民族地区小学数学文化教学现状调查设计……………………（49）
3.1　研究对象……………………………………………………………（49）
3.2　研究工具……………………………………………………………（52）
　　3.2.1　小学数学教师数学文化素养调查问卷……………………（53）
　　3.2.2　学生数学文化调查问卷……………………………………（56）
3.3　数据的处理与分析…………………………………………………（58）
　　3.3.1　数据的编码…………………………………………………（58）
　　3.3.2　数据的分析…………………………………………………（59）
3.4　研究伦理……………………………………………………………（59）

第4章　民族地区小学数学教师数学文化素养调查……………………（60）
4.1　教师对数学文化认识的调查………………………………………（60）
　　4.1.1　教师对数学文化认识的总体分析…………………………（60）
　　4.1.2　教师对数学文化认识的差异分析…………………………（63）
4.2　教师对数学文化知识的掌握情况调查……………………………（80）
　　4.2.1　教师对数学文化知识掌握的总体情况……………………（80）
　　4.2.2　教师对数学文化知识掌握的性别差异分析………………（82）
　　4.2.3　教师对数学文化知识掌握的民族差异分析………………（83）
　　4.2.4　教师对数学文化知识掌握的城乡差异分析………………（84）
　　4.2.5　教师对数学文化知识掌握的教龄差异分析………………（84）
　　4.2.6　教师对数学文化知识掌握的学历差异分析………………（85）
　　4.2.7　教师对数学文化知识掌握的职称差异分析………………（86）
4.3　教师运用数学文化知识的能力调查………………………………（91）
4.4　结论与建议…………………………………………………………（100）
　　4.4.1　结　论………………………………………………………（100）
　　4.4.2　建　议………………………………………………………（104）

第5章 民族地区小学生数学文化知识调查 (107)
5.1 民族地区小学生数学文化知识掌握的情况调查 (107)
5.1.1 民族地区小学生数学文化知识掌握的总体情况 (107)
5.1.2 民族地区小学生数学文化知识掌握的性别差异 (109)
5.1.3 民族地区小学生数学文化知识掌握的民族差异 (110)
5.1.4 民族地区小学生数学文化知识掌握的区域差异 (111)
5.2 民族地区小学生数学文化学习情况的调查 (116)
5.2.1 民族地区小学生数学文化学习情况的总体分析 (116)
5.2.2 民族地区小学生数学文化学习情况的性别差异分析 (120)
5.2.3 民族地区小学生数学文化学习情况的民族差异分析 (122)
5.2.4 民族地区小学生数学文化学习情况的城乡差异分析 (123)
5.3 研究结论与建议 (126)

第6章 对民族数学文化素材的挖掘 (130)
6.1 纳西族数学文化及其教学设计 (130)
6.1.1 纳西族服饰中的数学元素 (130)
6.1.2 纳西族建筑中的数学元素 (134)
6.1.3 纳西族东巴文化中的数学 (135)
6.1.4 把纳西族数学文化融入小学数学教学中的案例 (136)
6.2 哈尼族数学文化及其案例分析 (141)
6.2.1 哈尼族服饰中的数学元素 (141)
6.2.2 哈尼族建筑中的数学元素 (144)
6.2.3 哈尼族日常生活中的数学元素 (146)
6.2.4 把哈尼族数学文化融入小学数学教学中的案例 (147)
6.3 彝族傣族数学文化教学素材的挖掘 (151)
6.3.1 新平县少数民族传统节日中的数学文化 (151)
6.3.2 新平县小学民族数学文化教学素材的挖掘 (153)
6.4 把白族文化作为教学资源融入小学数学教学中 (162)
6.4.1 把白族文化融入"数与代数"的教学内容中 (163)
6.4.2 把白族文化融入"图形与几何"的教学内容中 (166)
6.4.3 把白族文化融入"统计与概率"的教学内容中 (167)

6.4.4　把白族文化融入"综合与实践"的教学内容中 …………（169）
　6.5　藏族服饰中的数学文化及其小学数学课堂教学 ……………（170）
　　6.5.1　藏族帽子中的数学文化 ……………………………………（170）
　　6.5.2　藏袍中的数学文化 …………………………………………（171）
　　6.5.3　藏族佩饰中的数学文化 ……………………………………（172）
　　6.5.4　藏族服饰及其数学元素的问卷调查 ………………………（173）
　　6.5.5　把藏族文化融入小学数学教学中的案例 …………………（175）

第7章　把民族数学文化融入小学数学课堂教学中 ……………（181）
　7.1　民族数学文化在小学数学教学中的运用分析 ………………（181）
　　7.1.1　研究对象 ……………………………………………………（181）
　　7.1.2　民族数学文化的内容分布 …………………………………（183）
　　7.1.3　民族数学文化的教学环节 …………………………………（184）
　　7.1.4　民族数学文化的运用水平 …………………………………（185）
　　7.1.5　民族数学文化的教学功能 …………………………………（186）
　7.2　案例1——解决问题 ……………………………………………（188）
　　7.2.1　教学实录 ……………………………………………………（189）
　　7.2.2　民族数学文化分析 …………………………………………（197）
　7.3　案例2——圆的周长 ……………………………………………（198）
　　7.3.1　教学实录 ……………………………………………………（198）
　　7.3.2　民族数学文化分析 …………………………………………（207）
　7.4　案例3——数据收集整理 ………………………………………（208）
　　7.4.1　教学实录 ……………………………………………………（208）
　　7.4.2　民族数学文化分析 …………………………………………（212）
　7.5　结论与启示 ………………………………………………………（213）

参考文献 ………………………………………………………………（215）

附　　录 ………………………………………………………………（222）

第1章 小学数学文化研究概述

在数学教学中融入数学文化是目前小学数学教学研究的一个热点。本章对小学数学文化的相关文献进行梳理，主要包括阐释文化、数学文化、民族数学、民族数学文化、教师数学文化素养等概念的内涵，以及介绍数学文化在小学数学教材中的呈现、数学文化融入小学数学教学的实践、小学数学文化教学现状的调查等方面的研究。

1.1 文 化

"文化"是一个最为常用的词，任何使用这个词的人似乎都对该词的含义有个大概的了解。对文化学的系统研究开始于19世纪。1871年，英国著名人类学家泰勒（E. Tylor）在《原始文化》一书中提出了著名的文化定义："所谓文化或文明，乃是包括知识、信仰、艺术、道德、法律、习俗，以及包括作为社会成员的个人而获得的其他任何能力、习惯在内的一种综合体。"[①] 美国著名文化学专家克罗伯（A. L. Kroeber）和克拉克洪（D. Kluckhohn）分析考察了160多条有关文化的定义，在《文化：一个概念定义的考评》（Culture：A Critical Review of Concepts and Definitions）一书中对文化作了如下界定："文化存在于各种内隐和外显的模式之中，借助符号的运用得以学习与传播，并构成人类群体的特殊成

---

① [英] 泰勒. 原始文化 [M]. 蔡江浓编译. 杭州：浙江人民出版社，1988：1.

就，这些成就包括他们制造物品的各种具体式样，文化的基本要素是传统思想观。"①②

《辞海》中给出了"文化"的广义和狭义含义：从广义上说，文化是指人类社会历史实践过程中所创造的物质财富和精神财富的总和；从狭义上讲，文化是指社会的意识形态，以及与之相适应的制度和组织机构。应该说，《辞海》中的文化定义代表了我国目前大多数学者的观点。

不管"文化"如何定义，但有一点还是很明确的，即文化的核心问题是人。人创造了文化，也享受文化，同时也受约束于文化，最终又要不断地改造文化。因此，对数学文化的判断，应该考虑三个方面：对象具有人为性：不是自然界所固有的东西；活动具有群体性：不是个别人的行为；发展具有传统性：不是偶然的、短暂的行为。

1.2　数学文化

不同的学科对文化有着不同的理解。从上面关于文化的定义可以看出，数学是一种文化。数学文化一词是由美国数学家怀尔德（Wilder, 1981）在 *Mathematics as a Culture System* 一书中提出的。北京大学的孙小礼教授是国内最早开始研究数学文化的学者。在她与邓东牟、张祖贵教授等合编的《数学与文化》一书中，精选了一批国内外著名数学家以及研究数学的哲学家的文章，从各个不同侧面来说明数学在整个文化中的重要地位。南京大学郑毓信等编写的《数学文化学》第一次将"数学文化"作为一个专有名词使用，强调数学本身是一个文化系统，奠定了国内数学文化研究的基础。

数学文化至今没有一个统一的、确定的概念，不同的研究者对数学文化的理解和阐述各不相同。可以概括为以下几种观点。

第一种观点：数学文化是文化中的子部分，这种观点主要是从数学与文化的

---

① 中国大百科全书（社会学卷）[M]. 北京：中国大百科全书出版社，1991：411.
② Kroeber, A. L. & Kluckhohn, C. Culture：A Critical Review of Concepts and Definitions [M]. Cambridge：Harvard University, 1952.

关系角度来进行分析。① 数学家齐民友先生就持这种观点，他认为，作为文化集合中的子集——数学，它体现了一种探索与理性精神，其永恒的主题是认识世界，也认识自己。②

第二种观点：数学文化是一个共同体。持这种观点的学者代表有郑毓信和王宪昌等，他们认为数学文化是由数学共同体所产生的文化效应，同时还强调数学文化是一个开放系统，而不是一个封闭系统。③

第三种观点：数学文化有广义与狭义之分。顾沛就持这种观点，他分别从狭义和广义两方面对数学文化进行了阐述，顾沛认为："数学文化一词的内涵，简单说，是指数学的思想、精神、方法、观点，以及它们的形成和发展；广泛些说，除上述内涵外，还包含数学家、数学史、数学美、数学教育、数学发展中的人文成分、数学与社会的联系、数学与各种文化的关系，等等。"④

关于数学文化的论著很多，但是揭示数学文化内涵的论著寥寥无几。本研究认同顾沛先生所给的定义。代钦认为，该定义从内涵和外延两个方面说明了数学文化，固然有它的合理性，但是作为一种定义显得有些繁琐。因此，参考一般文化的各种定义和数学学科以及数学与人类其他文化的关系，可以为数学文化给出如下定义：数学文化是数学知识、思想方法及其在人类活动中的应用以及与数学有关的民俗习惯和信仰的总和。⑤

数学文化的意义不仅在于它的内涵和数学文化知识本身，还在于它的应用价值，它与整个现代社会的发展紧密相关，数学文化的教育价值正逐步得到人们的认同。

美国著名史学家克莱因（M. Kline）在《西方文化中的数学》中写道："在最广泛的意义上说，数学是一种精神，一种理性的精神。正是这种精神，激发、促进、鼓舞和驱使人类的思维得以运用到最完善的程度。"⑥

---

① 肖光强，秦进，余显志. 我国数学文化研究述评 [J]. 遵义师范学院学报，2009 (1)：80-82.
② 齐民友. 数学与文化 [M]. 成都：四川教育出版社，1991.
③ 郑毓信，王宪昌，蔡仲. 数学文化学 [M]. 成都：四川教育出版社，2000.
④ 顾沛. 数学文化 [M]. 北京：高等教育出版社，2008.
⑤ 代钦. 释数学文化 [J]. 数学通报，2013，52 (4)：1-4.
⑥ 克莱因. 西方文化中的数学 [M]. 上海：华东师范大学出版社，2005：9.

张奠宙等指出："数学文化必须走进现实的学生课堂中，比如在数学概念、方法、思想、数学史中渗透数学文化，在数学教学过程中引导学生学习数学，接受数学文化的熏陶，进而产生文化共鸣。这是从微观的角度来进行分析，能够将数学文化渗入到课程标准、教科书、课堂教学环节中，体现在数学教学的全过程之中。"[①] 顾沛教授认为数学文化可以"让学生理解数学的精神、数学的思想、数学的方法，理解数学的文化价值；让学生学会'以数学方式的理性思维'，培养学生的创新意识；让学生受到优秀文化的熏陶，领会数学的美学价值，提高对数学的兴趣；培养学生的数学素养和文化素养，使学生能够终生受益"。[②] 刘咏梅等认为"数学文化具有影响人的思维、增强社会文化中的理性成分、全面认识数学及数学价值的功能"。[③] 杨豫晖等梳理了数学文化研究文献之后，提出"数学文化具有塑造学生心理品质和诚信观的德育价值，能够引导学生审美求美的美育价值以及提高学生数学素养为核心的思维训练价值"。[④]

从上述文献分析发现，数学文化本身的应用价值和对学生的积极影响已经得到广大学者的认同，发挥数学文化功能与价值的关键还在于激发学生的数学兴趣。

1.3 民族数学

民族数学是近年来国际数学教育研究的热点问题，民族数学文化是其中的重要成分。国内外学者深入探讨了民族数学文化的内涵、小学数学教材中渗透的民族数学文化、民族数学融入小学数学教学的研究等方面。这些研究成果为民族数学文化融入学校数学课程与教学提供了可能，也为我国民族数学研究提供了有益的借鉴与启示。

---

① 张奠宙，梁绍君，金家梁. 数学文化的一些新视角 [J]. 数学教育学报，2003，12 (1)：37-40.

② 顾沛. 数学文化课的探索与启示 [J]. 中国大学教学，2012 (2)：17-19.

③ 刘咏梅，刘军，廖云儿. 关于数学文化的几个问题的哲学思考 [J]. 数学教育学报，2009，18 (2)：18-22.

④ 杨豫晖，吴姣，宋乃庆. 中国数学文化研究述评 [J]. 数学教育学报，2015，24 (1)：87-90.

"民族数学"(Ethnomathematics,又译为"民俗数学")研究在 20 世纪 80 年代前后在国际数学界和数学教育界兴起。1984 年的第五届国际数学教育大会(ICME - 5)上首次出现了对"民族数学"的讨论,此次会议将民族数学作为一个专业词汇提出,次年正式成立"民族数学国际研究小组"。自此,民族数学成为一个专门的研究领域,并逐渐受到广大学者的关注。

"民族数学"研究的倡导者巴西学者 D'Ambrosio 将民族数学界定为"指个人在不同的文化与环境脉络中,适应与解释实体世界的不同方式"。① Gerdes 认为,"民族数学"就其基本的意义而言,可被看成数学与人类文化学的一种交叉,也是关于数学和数学教育的人类文化学研究。另外,其首要的论点则是对于数学的社会—文化属性的明确肯定。正是在这样的意义上,"民俗数学"常常也被定义为对数学与相应的社会—文化背景之间关系的研究,即要研究"在各种特定的文化系统中数学是如何产生、传播、扩散和专门化的"。② 我国学者孙杰远认为,民族数学的真正涵义应该是由某一民族在社会生活、生产实践中发现、发展起来的,具有民族文化特征的数学思想、数学理论、数学方法,并仅在本民族的生产、生活以及文化领域内仍被广泛的传承和使用。③

对于民族数学内涵的研究,学者从不同的角度出发,有着不同的定义和理解,存在一定的分歧和争论。

Ascher 将"民族数学"定义为"对没有读写能力者的数学思想的研究"。数学思想存在于所有文化环境中,但由于环境的差异,数学思想可能是不同的。④ Gerdes 也认为数学存在于某种文化或者次文化中,其将"民族数学"定义为一个用来描述一些暂时性的数学术语的短语(如原住民的数学、口头数学、非正式

---

① 罗永超,张和平,杨孝斌. 中国民族数学研究述评及展望 [J]. 民族教育研究,2015 (1):132 - 139.

② Gerdes P. Ethnomathematics and Mathematics Education [A]. in A Bishop (ed). International Handbook of Mathematics Education [C]. Kluwer, 1996:909 - 930.

③ 孙杰远. 试论民族数学的数学教育价值 [J]. 西北师范大学学报(自然科学版),1994 (1):99 - 102.

④ Ascher M., Ascher R. Ethnomathematics [M]. In Powell A. B., Frankenstein M. (eds) Ethnomathematics: Challenging Eurocentrism in Mathematics Education. New York: State University of New York, 1997.

的数学等)。① Ascher 等和 Gerdes 主要从数学的角度来定义民族数学,对"民族数学"的理解也就局限于数学自身内部。②

不过,D'Ambrosio 建议从更宽广的角度来看待数学,他认为不仅存在"学术数学",也就是学校教学的数学,还存在一些特定文化人群使用的数学,如某些民族及城市或者农村的某个社群、某些专业人士、某个特定年龄段的儿童甚至工程师等使用的数学,这些特定人群使用数学的方式可能有别于专业数学人士。此外,D'Ambrosio 也将文化族群"数学"扩充到所有具备特定文化特性的且拥有相似的行话、符号表达或者思维模式的人群。也就是说,民俗数学不仅可以对特定文化人群或者人们日常生活中的数学知识进行研究,而且可以从社会、文化、历史、经济等角度来分析学术数学。③

由以上介绍可看出,现代关于"民族数学"的研究可以大致归结为以下两类。

第一种观点是从"学术数学"的角度来认识"民族数学"。他们把"民族数学"看成人类文化学研究的一个组成部分,其主要着眼于历史的考察,认为"民族数学"研究的一个重要任务就是要努力重建那些在西方文明扩展的过程中受到压制和排斥的数学知识、数学技能和数学思维方式等,并依据多元文化的立场对此作出公正的评价。④⑤

第二种观点是从"实践数学"的角度来认识"民族数学"。持这种观点者更加关心现实的问题,特别是与数学教育直接相关的问题,认为研究者不仅应当看到学校中的数学教学,而且也应看到整个文化环境,特别是日常生活对数学学习的影响。这也就是说,学校中的数学学习不应被看成学生数学知识的唯一来源,

---

① Gerdes P. Ethnomathematics and Mathematics Education [A]. in A Bishop (ed). International Handbook of Mathematics Education [C]. Kluwer, 1996: 909 – 930.
② 杨新荣,宋乃庆. 国际民俗数学研究:特点、趋势及启示 [J]. 民族教育研究, 2011 (6): 32 – 35.
③ D'Ambrosio. Ethnomathematics: Link between Traditions and Modernity [M]. Rotterdam / Taipei, Sense Publishers, 2006.
④ 郑毓信. 民俗数学与数学教育 [J]. 贵州师范大学学报(自然科学版), 1999 (4): 90 – 95.
⑤ 申玉红,杨启祥,周长军. 少数民族数学文化研究成果综述 [J]. 数学教育学报, 2012, 21 (2): 17 – 19.

恰恰相反，他们所具有的很多数学知识都是从学校以外的生活中获得的。①

事实上，"民族数学"这个概念是一个极其复杂的系统，现阶段想要准确反映其全部本质属性还比较困难。显然，当前我国开展对贵州、云南、新疆等地的民俗数学调查研究，以及其他学者对各个少数民族传统数学文化的研究，就属于"民族数学"的研究。②

1.4 民族数学文化

民族数学文化是在社会文化群落里存在的数学活动的结晶。它是民族文化的重要组成部分，与教育密切相关。由于不同民族的人群所处的地域、语言、习俗以及经济环境的差异，人们的数学活动存在很大差异，因而数学文化也不同程度地具有民族的特点，形成了不同群体之间数学文化的差异。那么，什么是民族数学文化呢？

民族数学文化可以理解为存在于民族文化群落里的数学思维模式及其系统实践的知识综合。③

民族数学文化的民族特征主要表现在：

（1）该民族对数学的认识观及其认识风格。例如，古希腊数学与中国古代数学就代表了两种对数学的不同观念与风格，古希腊人重演绎轻应用，而中国古人则相反。近年来，国内外有关跨文化的研究也表明，不同民族的认识风格是有差异的。

（2）独特的数学活动。近年的研究表明，国内外的少数民族在计数、历法、定向等方面都有着自己独特的方法，虽然从科学的意义上来说，大多数不是科学的，但这些独特的数学活动乃是民族数学文化的组成部分。

（3）发展水平。从历史来看，有的民族数学发展处于较高水平，并演变成

---

① 郑毓信．民俗数学与数学教育 [J]．贵州师范大学学报（自然科学版），1999（4）：90-95．

② 罗永超，张和平，杨孝斌．中国民族数学研究述评及展望 [J]．民族教育研究，2015（1）：132-139．

③ 吕传汉，张洪林．民族数学文化与数学教育 [J]．数学教育学报，1992（1）：101-104．

全人类的数学文化，也有的融合于其他民族的数学文化之中。一般说来，经济文化发展滞后的少数民族，数学发展水平也较低。①

我国民族数学文化研究始于20世纪80年代。1987年，贵州师范大学吕传汉、汪秉彝教授等在贵州省黔南布依族苗族自治州开展了水族、布依族、苗族等民族数学文化的调查研究，获得了一系列重要成果，是我国民族数学文化研究的先驱。②

民族数学文化元素主要包括少数民族数学史和少数民族传统生活中的数学文化两部分。

研究者们对藏族、羌族、彝族、水族、黎族等我国少数民族数学的形成与发展进行了研究。对于数的产生，数的概念的形成与发展，使用的计数工具从实物计数到符号数码计数再到文字计数的演变发展，各少数民族都有本民族关于数的概念与计数方法以及独特的运算方法。对于形的认识，主要从出土文物，即少数民族的先民在对几何图形的应用上表现出来。

我国少数民族文化中蕴藏着丰富的数学文化，主要表现在民族服饰、民族建筑、民族风俗、民族音乐、民族手工艺品等方面。我国数学教育研究工作者开展的少数民族传统生活中的数学文化，取得了丰硕的成果，如深入挖掘了佤族、傣族、景颇族、白族、苗族、侗族、布依族、藏族、蒙古族等传统生活中的数学文化。③④

1.5 教师数学文化素养

数学文化教学，关键在于教师，教师需要具有一定的数学文化素养。教师的专业素养以承认教师职业是一种专业性的职业为前提，是当代教师质量的集中表

---

① 吕传汉，张洪林. 民族数学文化与数学教育 [J]. 数学教育学报，1992 (1)：101 - 104.

② 吕传汉，汪秉彝，夏小刚. 贵州民族地区基础教育的跨文化数学教育研究 [J]. 数学教育学报，2009，18 (5)：83 - 87.

③ 申玉红，杨启祥，周长军. 少数民族数学文化研究成果综述 [J]. 数学教育学报，2012，21 (2)：17 - 19.

④ 周长军. 民族数学文化教育教程 [M]. 北京：中央民族大学出版社，2019：69 - 130.

现,成为教师完成教育教学任务所具备的一种专业品质。

对教师专业的具体内容与专业结构,国内不少学者提出了教师的专业素质结构模型。比较有代表性的是叶澜提出的教师专业素养结构:(1)专业理念。未来教师应该具有与时代精神相通的教育理念,形成新的教育观、学生观和教育活动观。(2)知识结构。未来教师的专业素养在知识结构上不再局限于"学科知识+教育学知识"的传统模式,而是强调多层复合的结构特征。(3)能力结构。主要包括理解他人和与他人交往的能力、管理能力、教育研究能力。[①] 教育部师范教育司考察已有教师专业素养,分析优秀教师与成功教师的特征,推演出教师专业素养分为"专业知识、专业技能和专业情感"三个层次。[②]

基于教师专业素养,有学者提出了教师数学文化素养的内涵。如张辉蓉等认为,教师数学文化素养可以理解为教师从事数学文化教育教学工作应具备的一种数学文化品质,包括数学文化知识、数学文化技能以及数学文化情意。而且,教师数学文化素养具有长期稳定性、发展阶段性、实践生成性和综合复杂性的四个基本特征。[③] 也有学者对教师数学史素养进行了研究,如李国强认为,数学教师的数学史素养不同于数学史学家,它为数学教学服务,并非纯粹研究数学史。该素养涉及三个要素:对数学史的认识、了解数学史的知识、教学中运用数学史的能力。[④][⑤]

刘柏宏认为数学文化在整个人类知识文化中有其独特性,是由历史上无数数学家社群所建构的,具有传承的价值,不可偏废。他提出数学文化素养的定义:数学文化素养是指个体对数学知识的形成脉络和发展过程所具备的理解程度,使其面对某一数学概念或问题时,能认识它的思维方式、历史背景和该概念或问题与生活需求、社会发展的关联;或是面临生活与社会问题时,能辨识该问题与数

[①] 叶澜. 新世纪教师专业素养初探 [J]. 教育研究与实验, 1998 (1): 41-46, 72.

[②] 教育部师范教育司. 教师专业化的理论与实践 [M]. 北京: 人民教育出版社, 2003: 54-67.

[③] 张辉蓉, 冉彦桃, 张桢. 教师数学文化素养的内涵与特征分析——基于数学文化课例的解读 [J]. 数学教育学报, 2019, 28 (5): 65-69.

[④] 李国强. 数学史素养及其提升:数学老师专业发展新视角 [J]. 中小学教师培训, 2009 (10): 13-15.

[⑤] 李国强. 基于SOLO分类理论的数学教师数学史素养水平划分 [J]. 数学教育学报, 2012, 21 (1): 34-37.

学知识的关联，从而根据数学思考模式和数学知识技能，做出理性反思与判断，并从解决问题的历程中认知数学的人文价值。①

在该定义中，数学文化素养更强调所谓理解某个数学概念，并非仅仅知道其定义、性质与应用，而是面对某一数学概念或问题时，能认识它的思维方式、历史背景和该概念或问题与生活需求、社会发展的关联，进而从解决问题的历程中认知数学的人文价值。同时，该定义可以适用于教师和学生。通过对数学文化素养的培养，能增进他们对数学本质的理解和学习认同。

在上述研究的基础上，为使教师数学文化素养的调查更加清晰和易于操作，本研究认为小学数学教师数学文化素养包括三部分：（1）数学文化认识。教师只有认同数学文化的价值，才能在数学教学中运用数学文化，因此，教师对数学文化的认识是教师数学文化素养发展的前提。（2）数学文化知识。数学文化知识的广博程度，是衡量数学教师数学文化素养的重要指标，教师需要掌握一定的数学文化知识，这是教师数学文化素养形成的基础。（3）数学文化运用。教师在教学中运用数学文化，需要具备一定的教学能力，这是教师数学文化素养外化的关键。

1.6 小学数学教材中呈现的数学文化

教科书在数学文化传递方面起到重要的作用。在教科书中应当适当地插入一些有关数学思想背景知识等辅助材料的介绍，如数学家、数学与生活的联系、数学概念产生的背景、数学美的欣赏、数学与其他学科的关系等，以便使学生了解数学的产生与发展，培养学生正确的数学观，让学生认识到数学对人类发展的重要影响。②

数学文化内容在小学数学教材中的呈现形式有两种，一种是显性呈现形式，主要以"你知道吗？""数学万花筒""数学阅读""数学故事"和"数学游戏"

---

① 刘柏宏. 从数学与文化的关系探讨数学文化素养之内涵——理论与案例分析 [J]. 台湾数学教育期刊，2016，3（1）：55-83.
② 刘兼，孙晓天主编. 数学课程标准解读 [M]. 北京：北京师范大学出版社，2002：18.

几个栏目作为载体;另一种是隐性呈现形式,以数学精神、数学思想方法、数学美等数学知识来体现。①

最近十多年,逐步开始出现对数学教材中的数学文化进行研究,主要包含两类。

第一类是研究各版本教科书中数学文化内容的编写设计。孟梦等以西师版小学数学教材为例,分析小学数学教材中"你知道吗?"栏目,数学文化内容包括知识的由来与发展、数学家的故事、数学的故事、数学应用、数学思想和方法五个方面,数学文化的呈现强调"图文并茂"、注重从低年级开始渗透、从多维度同时进行。②李林波对小学数学教师关于小学数学教材中渗透数学史料进行调查,认为教材中还应增加体现"数学思想与方法"、渗透"多元数学文化"以及"少数民族数学文化"的数学史料的数量;结合教材选择数学史料的具体内容;加强教材中所包含数学史料的完整性和形式的多样性。③

刘令和徐文彬通过对我国小学数学教科书中数学史料的分析,发现数学史在现行小学数学教科书中不仅体现得很不够,而且还存在简单化倾向等问题,即对数学史料的理解单一、对数学史料内容的选择单一、对数学史料的编排单一等。④

第二类是各版本或各国数学教科书中数学文化内容的比较。杨豫晖等对人教版、苏教版和西师版小学数学教材中渗透数学史进行分析,研究认为各版本教材都不同程度地选入了一些数学史料作为背景知识,它们在数学史内容的选择分布、篇幅容量和设计模式,以及呈现方式等方面各有特色。⑤吴骏和徐锦野分别选取了人教版、苏教版和北师大版小学数学教材,对不同版本教材中的数学文化进行比较,发现数学文化主要集中在习题栏目;数学与现实生活的内容最多;数

---

① 宋乐乐. 数学文化在小学数学教科书中的呈现研究——以"北师大版"教科书为例[D]. 长春:东北师范大学,2012.
② 孟梦,杨慧娟,李长毅. 数学文化在小学数学新教材中的实践研究——以西师版为例[J]. 数学教育学报,2012,21(2):61-63.
③ 李林波. 数学史料在小学数学教学中使用的质性研究——以北师大版数学教材为例[J]. 现代中小学教育,2014(8):59-62.
④ 刘令,徐文彬. 我国小学数学教科书中数学史料的分析与批判[J]. 全球教育展望,2008(7):87-91.
⑤ 杨豫晖,魏佳,宋乃庆. 小学数学教材中数学史的内容及呈现方式探析[J]. 数学教育学报,2007,16(4):80-83.

学文化的运用水平偏低;数学文化的呈现以图片为主、文字为辅。① 陈朝东对人教版、苏教版、北师大版和西师版小学数学教材中渗透数学史进行分析,认为义务教育阶段小学数学教材中渗透数学史主要体现在数学的传承与融合、数学应用以及数学与社会生活的联系方面。② 蒋秋等对西师版小学数学教科书修订前后数学文化的内容及呈现形式进行比较研究后发现,修订后西师版的数学文化内容有较大幅度增加,呈现形式以文字为主、图画为辅。③

小学数学教科书中只有渗透民族数学文化内容,才能保障少数民族元素传承性。陈朝东等对人教版、苏教版、北师大版和西师版四套小学数学教科书中渗透少数民族元素的内容和呈现方法进行比较,发现少数民族文化在小学数学教科书中渗透偏少,主要是以隐形呈现为主。④ 张阳开等统计分析了我国小学数学教材中少数民族数学文化应用的现状,并提出了以下建议:增加少数民族数学文化数量、凸显数学文化的"教育价值"、挖掘更多民族的数学文化、让少数民族数学文化广泛分布于"四大学习领域"。⑤ 王郢和李宁银从教材的多样化背景出发,将西师版小学数学教材中的特色题材划分为农村特色题材、西部特色题材和少数民族特色题材,研究发现该教材符合我国教材多样化发展的未来趋势,能够适应不同群体的需求,有利于提高教学的效果。⑥

当前我国小学数学教科书中的民族元素还存在着体现内容单一、频次较少、方式简单等问题,相关研究还比较欠缺,也没有真正在教材中体现出多元文化融合和民族数学的特征。因此,在编写中要提高民族数学意识,增加民族知识内容,加强研究和交流,真正将少数民族元素多形式、多层次地融入小学数学教科

---

① 吴骏,徐锦野. 不同版本小学数学教材中数学文化的比较[J]. 教学与管理,2017(29):53-55.

② 陈朝东. 数学史在我国小学数学教材中的渗透[J]. 现代中小学教育,2013(3):7-10.

③ 蒋秋,刘芳,邝孔秀. 数学文化融入小学数学教科书的编写策略探析[J]. 数学教育学报,2015,24(5):92-95.

④ 陈朝东,蒋秋,张阳开. 中国小学数学教科书中少数民族元素的渗透探析[J]. 数学教育学报,2014,23(5):51-55.

⑤ 张阳开,熊妍茜,蒋秋. 小学数学教材应用少数民族数学文化的现状与思考[J]. 教育导刊,2014(11):61-64.

⑥ 王郢,李宁银. 多样化背景下教材特色题材编写的初步尝试——以西南师大出版社的小学数学教材为例[J]. 教育探索,2011(5):25-30.

书的编写之中。①

1.7 小学数学教学中融入数学文化的实践

在小学数学教学中融入数学文化具有重要的现实意义。一些学者进行了数学史融入数学教学、数学文化以及民族数学文化融入数学教学的研究。

数学史融入数学教学，应该为教育服务，需要将数学的历史发展、学生的学习心理和数学的逻辑结构有机结合起来。蔡宏圣指出，数学史在小学课堂中的运用有链接式和融入式两种，由链接式到融入式需要教师进行艰辛的再创造。② 汪晓勤指出，教师在教学中运用数学史的方式主要有附加式、复制式、顺应式和重构式等。③

小学数学文化按照表现形式主要可以归纳为三种常见的类型，即数学故事、数学游戏和数学作文。赵成志认为在小学数学教学中融入数学文化可以采用以下三种方式：通过数学故事教学，形成"丰富、拓展的课堂"；通过数学游戏教学，形成"活跃、激发的课堂"；通过数学作文教学，形成"创新、陶冶的课堂"。④ 邢福弟和王月梅认为，在小学数学教学过程中可以通过以下几个方面有效地渗透数学文化：营造自主探究、合作交流的学习氛围，有效渗透数学文化教育；重视数学交流，发展学生的数学"文化间能力"；渗透数学思想方法，挖掘数学文化精髓；沟通学科联系，领略数学文化的活力；情感升华，体验数学文化的"美学原则"。⑤

张奠宙先生指出，数学文化必须走进课堂。课堂是学生数学学习的主阵地，对于学生数学文化的学习更应渗透在数学课堂教学之中。因此，数学文化融入数学教学需要开发教学案例。蔡宏圣关于"用字母表示数"、张齐华"圆的认识"、

---

① 王郢. 中国数学教育研究会 2010 年国际学术年会论文集 [C]. 全国数学教育研究会：中国高教学会高等师范教育研究会数学教育会，2010：6.
② 蔡宏圣. 数学史：从象牙塔到小学课堂 [J]. 课程·教材·教法，2009，29 (2)：40–44.
③ 汪晓勤. 数学史与小学数学教学 [J]. 江苏教育 (小学教学)，2015 (5)：8–11.
④ 赵成志. 小学数学文化教学的课堂透视 [J]. 教学与管理，2011 (5)：31–32.
⑤ 邢福弟，王月梅. 数学文化在小学数学课堂中的有效渗透 [J]. 小学教学研究 (教学版)，2010 (5)：36，42.

邵汉民"圆的面积"等就是这方面的典型代表。

民族数学文化融入小学数学教学，需要经受课堂实践的检验。周长军和穆勒滚等联合一线小学数学教师，在跨文化数学教育理论的指导下，以"创设问题情境—提出数学问题—解决数学问题—应用数学知识"为基本主线，选取云南德宏当地少数民族学生熟悉的生活素材，开发民族数学文化融入小学数学教学的案例，如找规律、5的乘法口诀、轴对称再认识、加法运算定律的应用、数据收集整理等。①②

杨玉聪对白族民族文化融入小学数学的教学设计进行了研究，通过问卷调查、访谈和课堂观察分析实践效果，发现参与实践的教师通过白族民俗数学融入数学教学实践活动后，为自己的教学提供了一个新的视角、新的思路；学生增强了对数学学习的兴趣，对白族民俗数学的学习充满了好奇心，有了明确的数学学习动机。③

肖绍菊等利用苗族服饰与其几何元素的关系，积极引导学生去寻找平移、对称等图形在生活中的运用，开发教学案例，如三角形的特性、两位数乘两位数等，还开展了"数学就在我身边"的课外探究活动，让民族数学文化真正走进小学课堂。④⑤⑥

彭光明等以布依族文化为切入点，开展布依族文化与数学教育融合的实践研究，提出了教学案例编写原则和教学路径，并组织小学数学课堂教学。实践表明，挖掘布依族文化中的数学元素，将其开发成数学教学资源，提升了民族地区

---

① 周长军，穆勒滚，赵建红，等.基于少数民族数学文化背景下的小学数学教学个案研究——以云南德宏傣族景颇族自治州陇川县为例 [J].数学教育学报，2018，27（3）：85 - 92.

② 周长军.民族数学文化教育教程 [M].北京：中央民族大学出版社，2019：69 - 130.

③ 杨玉聪.白族民俗数学融入小学数学教学的探索与实践 [D].昆明：云南师范大学，2018.

④ 肖绍菊，罗永超，张和平，等.民族数学文化走进校园——以苗族侗族数学文化为例 [J].教育学报，2011，7（6）：32 - 39.

⑤ 周秋嘉，肖绍菊.把苗侗建筑文化引入小学数学课堂的教学尝试——"三角形的特性"教学与反思 [J].凯里学院学报，2014，32（6）：159 - 162.

⑥ 肖绍菊，陈粤媛.苗族银饰文化融入小学数学课堂的教学实践——以两位数乘两位数的教学为例 [J].凯里学院学报，2014，32（6）：149 - 153.

学生数学学习成绩，提高了教师专业素养，丰富了学校文化氛围，助推了民族地区数学教育发展。[1]

杨庆舒和穆勒滚等在多民族聚居的边疆少数民族地区，选择学生比较熟悉而且感兴趣的民族服饰和传统习俗作为教学素材，以"数据收集整理"为例，让学生经历统计活动的全过程，注重对统计数据的初步分析，鼓励学生参与到活动之中，同时也使学生了解了当地少数民族文化，感受到了数学与生活的密切联系，从而增强了学生的民族自豪感，以及学生对数学学习的信心和兴趣。[2]

挖掘民族数学文化资源，探索融入小学数学课堂教学的方法，已经成为少数民族地区数学教学可参考的一种方式和路径。

1.8 小学数学文化教学现状的调查

为了解数学文化融入小学数学教学的情况，需要进行实证研究。目前这方面的研究很少，且主要集中在现状调查方面。李林波调查了 15 名教师课堂中关于数学史料的内容选择、设计模式、呈现方式、多元文化性以及使用情况等方面的看法等；[3]胡晓敏调查了小学数学教师对教材相关史料的掌握情况，发现教师数学史料知识匮乏，对教材中数学史料的认知缺位，缺乏数学史进入课堂教学的经历等。[4]熊妍茜对数学文化融入数学课堂教学进行了实践探索，指出学生认为数学文化课堂教学实践增强了学习兴趣，拓宽了知识领域；学生增强了数学应用意识，锻炼了逻辑思维，提高了独立思考和分析能力，促进了数学成绩的提升；教师认为数学文化课堂教学实践为自身的数学教学带来了新思路，调动了学生的学习积极性，自身对数学也有了更深的认识。[5]

---

[1] 彭光明，熊显萍，王美娜. 布依文化融入中小学数学课堂教学的举措与实践——以黔西南州布依族地区学校为例 [J]. 数学教育学报，2019，28（5）：98-102.

[2] 杨庆舒，穆勒滚，申玉红，等. 德宏少数民族文化融入小学数学课堂的实践——以"数据收集整理"教学为例 [J]. 兵团教育学院学报，2017，27（4）：36-39.

[3] 李林波. 数学史料在小学数学教学中使用的质性研究——以北师大版数学教材为例 [J]. 现代中小学教育，2014（8）：59-62.

[4] 胡晓敏. 数学史融入小学数学教学的现状调查与分析 [J]. 小学教学（数学版），2010（4）：6-8.

[5] 熊妍茜. 数学文化在小学数学课堂教学中的实践探索 [D]. 重庆：西南大学，2016.

数学文化对学生数学学习能够产生积极的影响。孙卫红调查了学生对小学数学新教材中数学文化的学习效果，结果表明：小学数学新教材中的数学文化知识能激发学生对数学学习的乐趣，能扩展学生的思维与视野，能激励学生学好数学的积极性。[①]

数学教师是数学教学活动的主导，其素养是数学文化融入课堂教学的关键。岳增成以个案研究的方法，探讨了 HPM（数学史与数学教育）课例研究，提升了小学数学教师的教学设计能力，促进了小学教师的专业发展。[②]

总体来说，小学数学文化教学的调查研究还较少，特别是民族地区以及民族数学文化的实证研究更少，需要进一步加强研究。

综上所述，随着新课程改革的深入，小学数学教学中融入数学文化已经成为一个热门的研究领域。国内外学者围绕数学文化和民族数学进行了积极探索，取得了不少有益的成果：第一，界定了数学文化、民族数学、民族数学文化的概念，虽然还没有形成统一认识，尚存争议，但对于人们理解其内涵起到了积极作用；第二，对数学文化、民族数学文化融入小学数学教学进行了研究，相关的案例虽然还不够丰富，但为小学数学教师的课堂教学提供了参考和借鉴。

通过文献分析，我们发现，数学文化融入小学数学教学的实证研究还不多，特别是缺乏关于民族地区的调查研究。由于我国边疆少数民族地区的经济发展落后于东部地区，导致两地区间教育存在差距。小学教育是基础，数学文化尤为重要。那么，小学数学教师数学文化知识的掌握怎样？数学文化素养如何？小学生对于数学文化的学习情况如何？这些问题还有待进一步研究。为此，开展对少数民族地区小学数学教学中融入数学文化现状的调查研究，无疑是非常重要的，这也为后续开展民族数学文化研究奠定了坚实的基础。

[①] 孙卫红. 小学数学新教材"数学文化"学习效果的调查分析［J］. 数学教育学报，2004，13（3）：62-63.
[②] 岳增成. HPM 对小学数学教师教学设计能力影响的个案研究［D］. 上海：华东师范大学，2019.

第 2 章　小学数学教材中的数学文化

教材作为课程的载体，是"文化、课程文件与课程实施最为核心的汇合点"。[①] 数学文化在小学数学教学中的落实，主要通过教材来实现。从文化角度研究数学教材，对于教材评估、使用及其发展都是非常重要的。[②] 因此，分析小学数学教材中的数学文化是一个基础性的工作。本章对人教版、苏教版和北师大版小学数学教材中的数学文化内容进行比较，并以人教版小学数学教材为例，分析教材中的民族数学文化内容，提出数学文化教材的编写建议，为教师教学提供借鉴。[③]

2.1　不同版本小学数学教材中的数学文化

2.1.1　三种版本教材的基本信息

我们选取人教版、苏教版和北师大版小学数学教材作为研究的对象，三种版本教材都是国内使用范围较广的。所选取的教材仅仅是教科书，也就是学生上课时所用到的课本。在对三种教材的信息进行整理后，我们发现，三种教材均出版于 2012 年至 2015 年之间，可以说这三种教材的出版时间相近。三种教材在页数

[①] Pepin B, Gueudet G, Trouche L. Investigating Textbooks as Crucial Interfaces between Culture, Policy and Teacher Curricular Practice: Two Contrasted Case Studies in France and Norway [J]. ZDM Mathematics Education, 2013, 45 (5): 685 - 698.

[②] Fan L, Zhu Y, Miao Z. Textbook Research in Mathematics Education: Development Status and Directions [J]. ZDM Mathematics Education, 2013, 45 (5): 633 - 646.

[③] 吴骏，徐锦野. 不同版本小学数学教材中数学文化的比较研究 [J]. 教学与管理，2017 (29): 53 - 55.

上相差不大,北师大版页数较少些,相比于其他两个版本少了100页左右。三种教材都是彩色印刷,16开开本。教材信息见表2-1。①

表2-1 三种版本小学数学教材基本信息　　　　　　　　　　（单位:页）

出版社	课本名称	出版日期	页数	色彩	开本
人民教育出版社（共1389页）	一年级（上、下）	2012年6月、10月	216	彩色	16
	二年级（上、下）	2013年6月、10月	230		
	三年级（上、下）	2014年6月、10月	230		
	四年级（上、下）	2014年6月、10月	236		
	五年级（上、下）	2014年6月、10月	242		
	六年级（上、下）	2014年3月、10月	235		
江苏教育出版社（共1347页）	一年级（上、下）	2013年6月、2012年11月	214	彩色	16
	二年级（上、下）	2013年6月、10月	212		
	三年级（上、下）	2014年6月、12月	224		
	四年级（上、下）	2015年6月、2014年12月	221		
	五年级（上、下）	2015年6月、2014年12月	240		
	六年级（上、下）	2014年6月、12月	236		
北京师范大学出版社（共1292页）	一年级（上、下）	2013年7月、12月	196	彩色	16
	二年级（上、下）	2013年7月、12月	216		
	三年级（上、下）	2014年6月、12月	212		
	四年级（上、下）	2015年6月、2014年12月	220		
	五年级（上、下）	2014年7月、12月	224		
	六年级（上、下）	2015年6月、2014年12月	224		

2.1.2　数学文化的栏目设置

在人教版、苏教版和北师大版这三种不同小学数学教材中,数学文化内容的

---

① 徐锦野. 小学数学教材中数学文化的比较研究[D]. 昆明:云南师范大学,2017.

分布非常广泛，几乎在教材的各个栏目中都会出现。三种不同版本教材虽然各自有着不同的栏目名称设置，如人教版的栏目设置有"引入、例题、练一练、练习、整理和复习、生活中的数学、你知道吗？"等，苏教版的栏目设置有"引入、例题、试一试、你知道吗？"等，北师大版的栏目设置有"引入、例题、练一练、读一读、讲一讲、练习、你知道吗？"等。北师大版的例题与人教版和苏教版有所不同，它的呈现没有序号，只用圆圈来表示。

根据三种不同版本教材的栏目设置，也为了便于比较，我们将栏目设置划分为四个种类：引文、例题、习题、阅读材料。引文是指除正文以外的内容，如引入活动、文字表达、图片等；例题是表示有解答的题目，大多出现在教材的正文部分；习题包括了练一练、想想做做、练习题、整理与复习等无解答的题目；阅读材料包括"你知道吗？"、生活中的数学、读一读、讲一讲、数学万花筒、数学游戏等文字阅读栏目。

由此可以看出，人教版、苏教版和北师大版小学数学教材的栏目设置非常相近，只是在名称上有所差别，图标形式不同，然而其本质是一样的。为了便于比较，我们对三种版本的教材栏目中的数学文化进行统计，见表2-2。

表2-2　数学文化栏目分布的比较　　　　　　　　（单位：个）

版本	引文	例题	习题	阅读材料	总数
人教版	24	104	353	85	566
苏教版	14	96	450	58	618
北师大版	8	110	502	47	667
总计	46	310	1305	190	1851

由表2-2可见，北师大版中数学文化数量最多，其次是苏教版和人教版。三种不同版本教材中数学文化的数量，引文栏目中是最少的，这与小学教材本身引文内容较少有关；而习题栏目中是最多的，三种版本教材中均超过一半，其中的原因可能是：一方面习题在教材中的数量本身很多，所占的页码是最多的；另一方面，教材中很多习题以数学文化为背景创设情境，以利于学生更好地理解数学问题。阅读材料中具有代表性的内容是"你知道吗？"栏目，其中最主要的内

容是数学史。

2.1.3 数学文化的内容分布

教材中数学文化的内容分为数学史、数学与现实生活、数学与科学技术、数学与人文艺术四大类。①② 三种版本的教材中数学文化内容的分布统计见表2-3。

表2-3 数学文化内容分布的比较　　　　　　　　　　（单位：个）

版　　本	数学史	数学与现实生活	数学与科学技术	数学与人文艺术	总　　数
人教版	55	341	110	60	566
苏教版	37	426	107	48	618
北师大版	45	493	66	63	667

从表2-3可看出，三种教材中的数学文化内容非常丰富，其中北师大版中数学文化的数量最多，其次是苏教版和人教版。三种版本的教材中数学与现实生活的内容都是最多的，这表明，教材的较大篇幅都是以现实生活为依托来呈现。在仔细研究和分析了小学数学教材之后，我们发现数学与现实生活的内容更多地体现了数学的教育价值和应用价值。数学史、数学与人文艺术侧重于反映数学的人文价值。数学与科学技术更多反映的是生命科学、数学的科学价值和意义。从小学生数学心理的观点来看，儿童数学认知的起点是他们的日常生活和经验，儿童数学即是现实数学，因此，在数学教材中融入数学文化对学生的数学学习起到了重要作用。

为了进一步了解三种版本教材中数学文化内容的异同，下面对数学文化的具体内容分别进行比较。

1. 数学史

数学文化中的数学史可以分为显性和隐性两个部分，显性的数学史包括数学

---

① 沈春辉，柳笛，汪晓勤．文化视角下"中新美法"四国高中数学教材中"简单几何体"的研究［J］．数学教育学报，2013，22（4）：30-32.
② 王建磐，汪晓勤，洪燕君．中、法、美高中数学教科书的数学文化比较研究［J］．教育发展研究，2015，35（20）：28-32，55.

家的生平简介、数学家的肖像以及数学知识和概念的发展演变；隐性数学史指对历史材料重新进行编制，或借鉴历史的发展过程改编数学问题。三种不同版本教材中数学史的统计结果见表2-4。

表2-4 数学史内容分布的比较　　　　　　　　（单位：个）

版　本	显性数学史	隐性数学史	总　数
人教版	44	11	55
苏教版	27	10	37
北师大版	35	10	45

从表2-4可以看出，人教版中的数学史数量是最多的，其次是北师大版和苏教版。三种版本的教材中显性数学史的数量多过隐性数学史，这说明，小学数学教材中多以显性方式呈现数学史，三种版本的教材数学史的内容大多来源于"你知道吗？"栏目。其中，苏教版直接将数学历史或者背景做一个介绍，给出数学家的生平简介或者将他的研究历程简单地呈现出来，数学史呈现的版块较少；而人教版和北师大版的版块栏目相对丰富，特别是北师大版，在教材的旁白处以小资料的形式对数学史的内容进行了解释和说明。

人教版和北师大版教材都在学生学习了乘法的笔算之后介绍了乘法的其他计算方法，人教版四年级上册介绍了格子乘法，见图2-1。北师大版三年级下册介绍了我国台湾的"视窗"、古印度计算方法、画线方法，见图2-2。教师应利用好教材中的这些数学史知识，让学生发现算法的多样化，在计算时不局限于一种算法，而是根据不同情况灵活选择方便的计算方法，把数学当作一种工具，为生活服务。

隐性的数学史，如平行四边形面积计算公式的推导，隐含了我国数学史中的"出入相补"原理。再如我国人教版小学数学教材四年级下册平均数的引入，见图2-3。

其实，这是我国《九章算术》中提出的"减多益少"思想，如"方田"章第6题：今有三分之一，三分之二，四分之三。问：减多益少，各几何而平？该题采用的方法称为平分术，即当各个分数参差不齐时，为使它们齐等，可减那个分数所多的部分,增益这个分数所少的部分。①

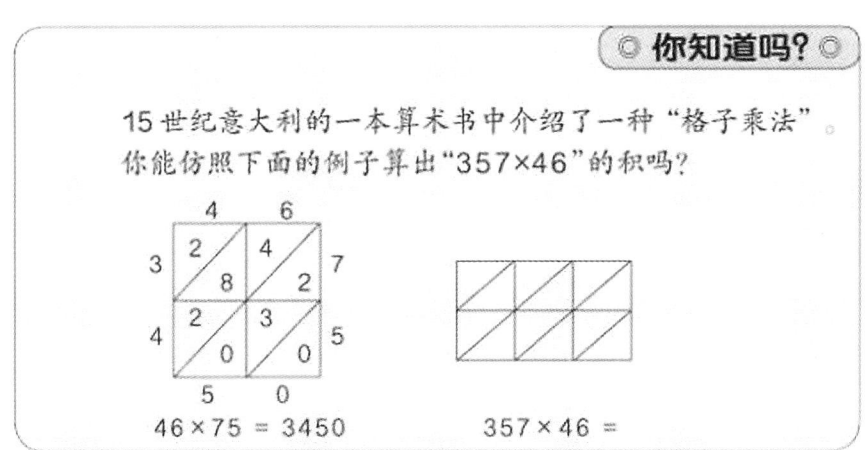

图 2-1 人教版——格子乘法

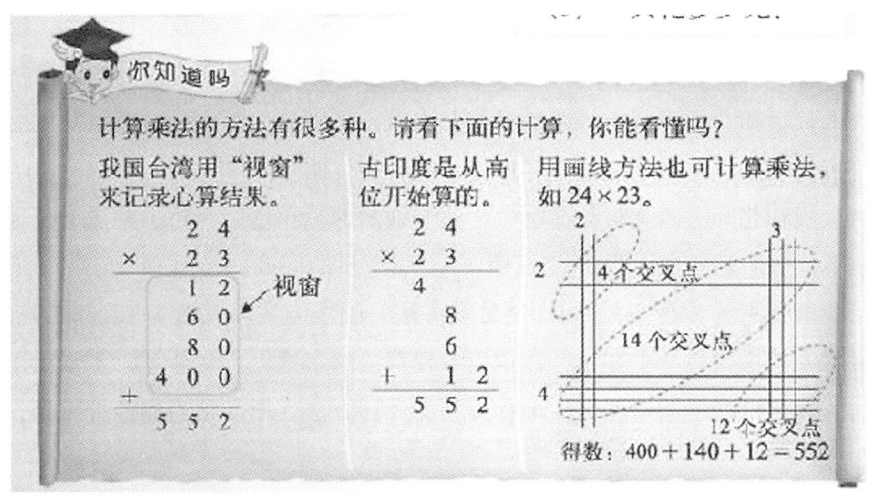

图 2-2 北师大版——乘法的计算

---

① 吴骏,丁雪艳. 中美小学数学教材平均数概念比较研究[J]. 云南教育(小学教师), 2017 (5): 9-10.

第 2 章 小学数学教材中的数学文化

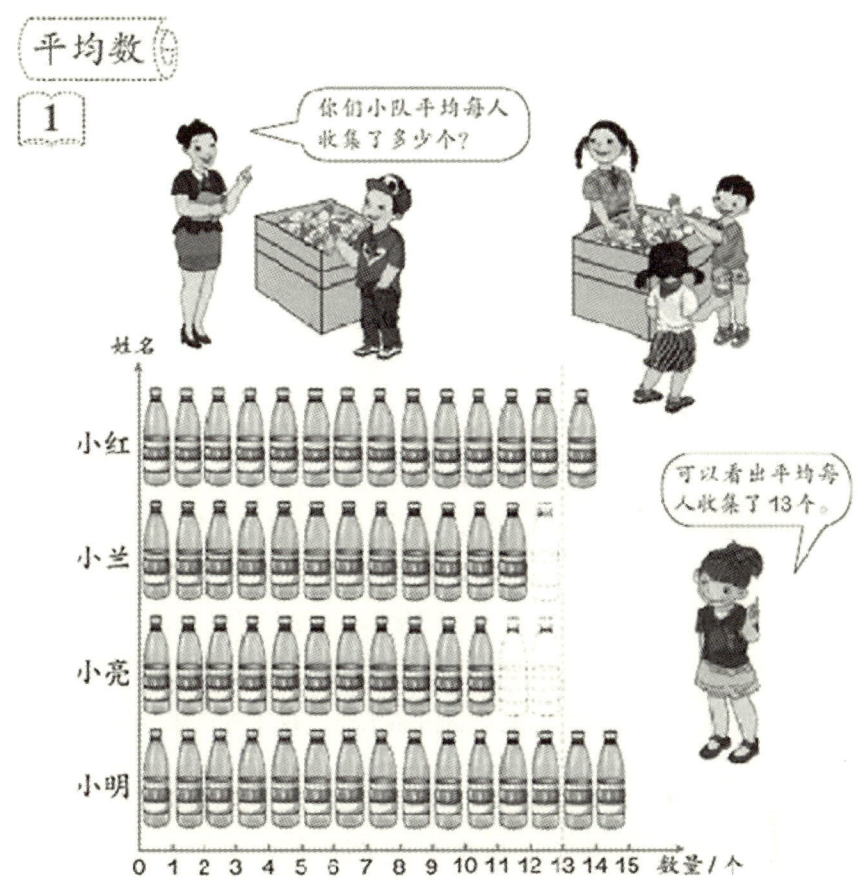

图 2-3 人教版小学数学教材——平均数

2. 数学与现实生活

根据学生与现实生活的接近程度,将数学与现实生活分为两个类型:个人的和公共的。"个人的"指每个学生都能触及的,如个人生活、家庭生活和学校生活等;"公共的"指不是所有学生自己能够轻易接触到的,如社区的、社会的、经济的等。三种教材中数学与现实生活的内容统计结果见表 2-5。

表 2-5　数学与现实生活分布的比较　　　　　　　（单位：种）

版　本	个人生活	公共生活	总　数
人教版	215	126	341
苏教版	316	110	426
北师大版	373	120	493

从表 2-5 可见，个人生活的数量远多过公共生活，说明在这三种教材中与学生息息相关的数学文化占大多数。

除了了解数学与现实生活的分布以外，还需更进一步分析数学与现实生活的具体内容。因此，我们将现实生活细分为六个部分：日常生活、学校生活、社会生活、娱乐生活、经济生活、职业生活。[①] 其中，日常生活中主要以日常事务为主，包括个体、家庭用品、常见事物、日常活动等；学校生活以学校生活和学校开展的各类活动为主，包括学习成绩、班级概况、学校活动等；社会生活包括社会服务、人口、社会现象、社会调查等；娱乐生活主要是各级各类比赛、游戏等娱乐活动；经济生活包括工农业生产、商品销售、投资等；职业生活是以求职、工作为主的生活，见表 2-6。

表 2-6　数学与现实生活分布表　　　　　　　（单位：种）

版　本	日常生活	学校生活	社会生活	娱乐生活	经济生活	职业生活	总　计
人教版	187	37	52	31	23	11	341
苏教版	260	48	60	24	24	10	426
北师大版	338	41	52	27	24	11	493
总计	785	126	164	82	71	32	1260

三种教材中，数学与现实生活中最多的子类是日常生活，数量均达到一半以

---

① 王建磐，汪晓勤，洪燕君. 中、法、美高中数学教科书的数学文化比较研究[J]. 教育发展研究，2015，35 (20)：28-32, 55.

上，最少的是离学生的生活和学习背景较远的职业生活，其余类别相差不大。

荷兰著名数学教育家弗赖登塔尔的数学现实观指出：数学来源于现实，存在于现实，应用于现实。日常生活是学生与教师们生活的基本组成部分，是他们能亲身感受到的，所以一般教材容易选用日常生活作为数学问题的背景。三种教材也显现出一个共性，职业生活的内容相对很少。这不难理解，因为小学生距离职业生活还有一段很长的时间。

3. 数学与科学技术

根据科学技术研究的对象类型，将数学与科学技术的内容分成生物科学、地球科学、物质科学和高新技术。其中生物科学所研究的对象主要针对有生命的物体，包括生物学、医药学和生命健康等；地球科学所研究的对象是地球、宇宙和地质，主要包括地理、地球、天文、自然灾害等；物质科学的对象是物质，包括物理和化学等；高新技术指当今比较前沿的高科技，包括航天技术、基因技术等。[1] 四个分类的统计见表 2-7。

表 2-7　数学与科学技术分布的比较　　　　（单位：种）

版　本	生物科学	地球科学	物质科学	高新技术	总　数
人教版	49	32	8	21	110
苏教版	50	29	9	19	107
北师大版	38	17	2	9	66

从表 2-7 可看出三种不同版本的教材中数学与科学技术的内容，人教版和苏教版较多，而北师大版较少。从具体分类的子类内容上看，三种教材中呈现相同的分配趋势，数量从多到少依次是：生物科学、地球科学、高新技术和物质科学。数学与科学技术主要集中在生物科学方面，在教材中大多以动物、植物的生命特征和特性为主。小学生生性好动，喜欢小动物，热爱大自然，教材中这种数学文化的呈现符合小学生的心理特征。而物质科学在小学教材当中呈现就较少，这也不难想象，物质科学大多为物理和化学，小学阶段学生接触不多。

---

[1] 沈春辉. 中法高中数学教材中的数学文化比较研究 [D]. 上海：华东师范大学，2012.

4. 数学与人文艺术

根据表现手段和方式的不同,艺术可分为:绘画、雕塑、舞蹈、音乐、建筑艺术、文学、戏剧和影视艺术等。① 结合教材中的艺术内容,我们将数学与人文艺术分为人文、美术、音乐、建筑四类,见表2-8。② 三种教材中数学与人文艺术的分布统计见表2-9。

表2-8 数学与人文艺术子类内容

子 类	内 容
人文	文字、语言学和具有文学价值的历史等,包括中国的传统服饰
美术	绘画、雕塑、古今中外的手工艺品等
音乐	歌曲、乐器、乐理知识等
建筑	指世界知名建筑(不包括普通建筑)

表2-9 数学与人文艺术分布的比较　　　　　　(单位:种)

版 本	人 文	美 术	音 乐	建 筑	总 数
人教版	33	2	7	18	60
苏教版	24	0	13	11	48
北师大版	31	4	16	12	63

从表2-9可以看出,从具体分类的子类内容来看,三种教材呈现人文的数量是最多的,达到50%的比例;美术最少,其中苏教版中没有涉及这一个内容,这可能是一个缺憾。小学数学教材中,人文知识大多为中国古典知识或寓言故事,如在低年级,小猫钓鱼的故事都出现在三种教材中,见图2-4。

---

① 张同道. 艺术理论教程[M]. 北京:北京师范大学出版社,2009.
② 沈春辉,柳笛,汪晓勤. 文化视角下"中新美法"四国高中数学教材中"简单几何体"的研究[J]. 数学教育学报,2013,22(4):30-32.

老猫和小猫一共钓了29条鱼。小猫钓了多少条?

□○□=□(条)

图2-4 小猫钓鱼

在小学教材中呈现不同民族的服饰,体现了少数民族数学文化的特征,见图2-5。中国是一个多民族统一的国家,在小学教材中呈现不同民族服饰,告诉学生这是中国特有的,让他们初步感受中国文化和历史的深刻魅力。

图 2-5 民族服饰

2.1.4 数学文化的课程分布

三种教材中的小学数学内容相差不大,根据课标要求可以分为 4 个部分的课程内容:"数与代数""图形与几何""统计与概率""综合与实践",其中的数学文化数量统计见表 2-10。

表 2-10 数学文化内容分布的比较 （单位：个）

版 本	数与代数	图形与几何	统计与概率	综合与实践	总 数
人教版	411	106	35	14	566
苏教版	443	109	44	22	618
北师大版	494	123	31	19	667

从整体上来看，数学文化在三种教材各课程内容中的分布是相对比较均衡的，但在各课程内容上相差较大。数学文化的内容绝大多数分布在"数与代数"这一课程内容设置中，占据了 70% 以上的比例，其次是"图形与几何"，而"统计与概率"和"综合与实践"中的相关内容是比较少的。这说明，数学文化与小学数学课程内容成正比。显然，在小学数学教材中，"数与代数"的内容是学生们学习的基础和重点，因此，在该版块中出现了较多的数学文化内容。

2.1.5 数学文化的年级分布

小学阶段分为六个年级，根据课标要求划分为两个学段，1-3 年级为第一学段，4-6 年级为第二学段。以年级为维度统计数学文化内容的数量，结果见图 2-6。

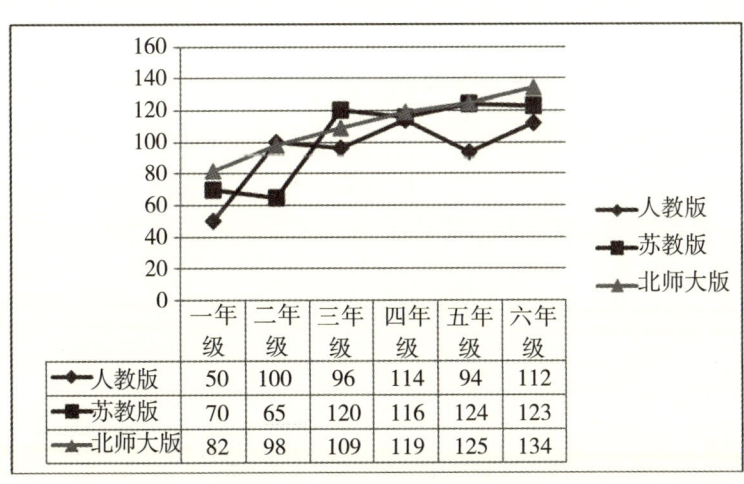

图 2-6 数学文化在年级分布中的折线图（单位：个）

从图中可以发现，整体来看三种教材当中数学文化都呈现出低年级数量少，高年级数量增多的趋势，尽管中间有些波动。相对稳定的是北师大版，呈现增长的趋势，人教版和苏教版呈上下波动的折线趋势。随着年级的提高，数学文化中所呈现的内容也有所区别，但在低年级出现的数学文化内容，在中高年级也会再次出现，因此在进行数学文化数量统计时，就会发现重复的数学文化内容很多。这表明，一是可以让学生从熟悉的数学文化背景下学习更多的数学知识；二是这些数学文化能够很好地与数学知识相融合。

2.1.6 数学文化的运用水平

由于数学史内容与其他三类数学文化内容在形式上有所区别，因此，我们把数学文化的运用水平分为两种形式。

1. 数学史的运用水平

数学史的运用水平可以分为以下五类:[1][2]（1）点缀式：采用图片形式，在正文中穿插或在阅读材料中呈现孤立的图片；（2）附加式：通过文字阅读材料，讲述数学故事、人物生平、历史背景等；（3）复制式：在正文各部分直接使用历史上的数学问题，如小学数学教材中引用我国古代数学名著《孙子算经》中的"鸡兔同笼"问题，见图2-7；（4）顺应式：在正文各部分将数学史上的数学问题进行改编，或利用数学史材料编制数学问题，以顺应当前教学的需要，如北师大版教材（北师大版五年级下册，第28页）将庄子的话改编成数学问题，见图2-8；（5）重构式：在正文各部分中将很多概念直接按照历史进行教学，可能并不自然，因而需要对历史进行重构，如小学数学教材中小数的教学，让学生先认识分数，再学习分数的产生及其意义，这其实就是根据数学历史、学生心理和数学逻辑重构的教学内容，见图2-9。三种版本教材中数学史的运用统计见表2-11。

---

[1] 王建磐，汪晓勤，洪燕君. 中、法、美高中数学教科书的数学文化比较研究［J］. 教育发展研究，2015，35（20）：28-32，55.

[2] 吴骏，汪晓勤. 数学史融入数学教学的实践：他山之石［J］. 数学通报，2014（2）：13-20.

大约一千五百年前,我国古代数学名著《孙子算经》中记载了一道数学趣题——"鸡兔同笼"问题。

图 2-7 鸡兔同笼问题

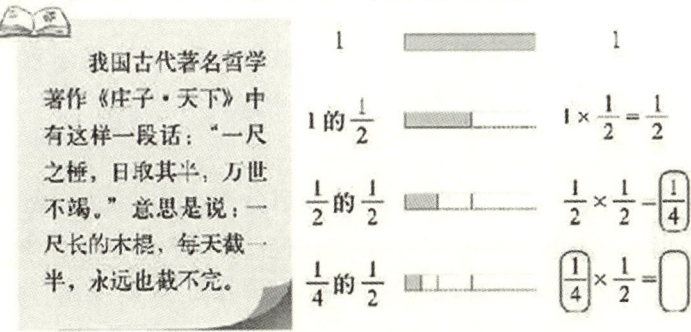

图 2-8 北师大版教材顺应式例子

图 2-9 人教版教材分数的意义

表 2-11 数学史运用水平的比较 （单位：个）

版 本	点缀式	附加式	复制式	顺应式	重构式
人教版	9	35	5	4	2
苏教版	2	25	6	4	0
北师大版	0	31	3	6	3

由表 2-11 可知，三种不同版本教材中数学史运用水平出现最多的是"附加式"形式，占总体的 60% 以上，这些大多安排在"你知道吗？""数学阅读"等栏目，正文中出现的相对较少。从上述统计数据来看，小学数学教材中的数学史主要采用直接运用的形式，间接使用较少。

2. 其他数学文化的运用水平

除数学史之外，数学文化的运用水平可以分为外在型和内在型，内在型又可细分为可分离型和不可分离型。外在型是指仅仅介绍数学文化本身，不涉及数学知识，如教材中介绍中国古代的钱币（苏教版一年级下册，第71页），见图 2-10。可分离型是指数学文化与数学可以分离，如果去掉数学文化背景，也不会影响此数学问题，如关于松鼠尾巴长度的计算，在图 2-11 中若去除松鼠，或者换上其他的动物，不会影响到数学知识的学习（北师大版五年级下册，第27页）；不可分离型是指数学文化内容成为数学问题的一个有机组成部分，运用数学知识解决具体的文化问题两者不可分离,如利用中国民间传统艺术剪纸来观察轴对称(人教版二年级下册,第31页),见图2-12,再如人教版一年级下册第一单元认识图形(二),教材在例3部分以问题解决的形式呈现七巧板的相关数学知识,见图2-13。参照以上分类方法,对其他数学文化内容的运用水平进行分类统计,见表2-12所示。

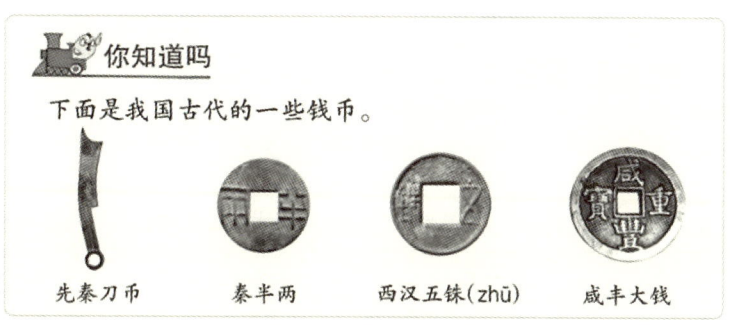

图2-10 中国古代钱币

图2-11 松鼠尾巴长度的计算

图2-12 剪纸中的轴对称

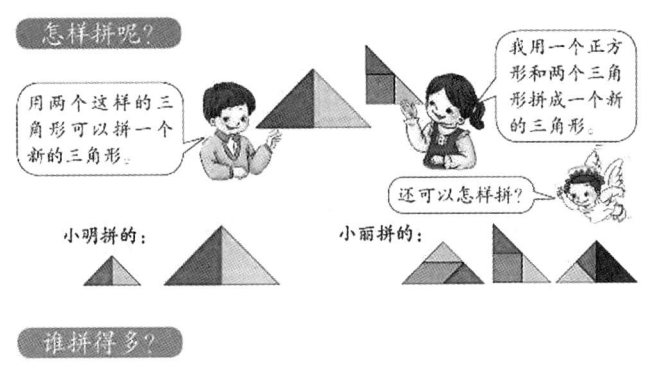

图 2-13 七巧板的学习

表 2-12 其他数学文化运用水平的比较

版 本	外在型	可分离型	不可分离型
人教版	3.21%	90.77%	6.02%
苏教版	3.42%	76.02%	20.56%
北师大版	2.56%	82.37%	15.07%

从表 2-12 可以看出，三种版本教材中数学文化的运用水平整体偏低，可分离型是主要的运用方式，达到 70% 以上，人教版甚至超过 90%。这表明，教材中数学文化与数学知识的关联程度较低。

2.1.7 数学文化的呈现形式

数学文化的呈现形式是编写教材的一个关键问题，能给学生直观的感受，从而激发学生的学习兴趣，进而获得知识。数学文化的呈现形式分为四种：文字、文字为主、图片为主、连环画。[①] 其中文字的呈现形式指数学文化以纯文字的形式出现在教材中；文字为主的呈现形式指出现的数学文化内容以文字为主，图片为辅；图片为主的呈现形式表现为在表达数学文化时突出图片，弱化文字的形式；连环画的呈现形式指有一整段故事发展的画面。三种版本教材数学文化呈现形式的统计见表 2-13。

---

① 杨豫晖，魏佳，宋乃庆. 小学数学教材中数学史的内容及呈现形式探析 [J]. 数学教育学报，2007，16 (4)：80-83.

表 2-13　数学文化呈现形式的比较　　　（单位：种）

版　本	文　字	文字为主	图片为主	连环画
人教版	110	133	315	8
苏教版	183	150	279	6
北师大版	141	218	306	2

从表 2-13 看出，小学数学教材中数学文化的内容大多以图片为主的形式出现，以文字为主和文字的形式次之，连环画的呈现形式数量最少。图片为主的形式，给学生以冲击感，同时还能发挥学生的想象力。最难呈现的形式是连环画。将数学知识的历程通过小故事、小片段的连环画形式呈现，学生可以更好地了解古今中外的数学历史的发展，但由于这类呈现形式的表达较为困难，在数学史中呈现的数量并不多。儿童数学认知思维具有明显的直观化特征，小学数学教材中数学文化的呈现遵循了小学生的思维认知规律，以形象、直观为主。

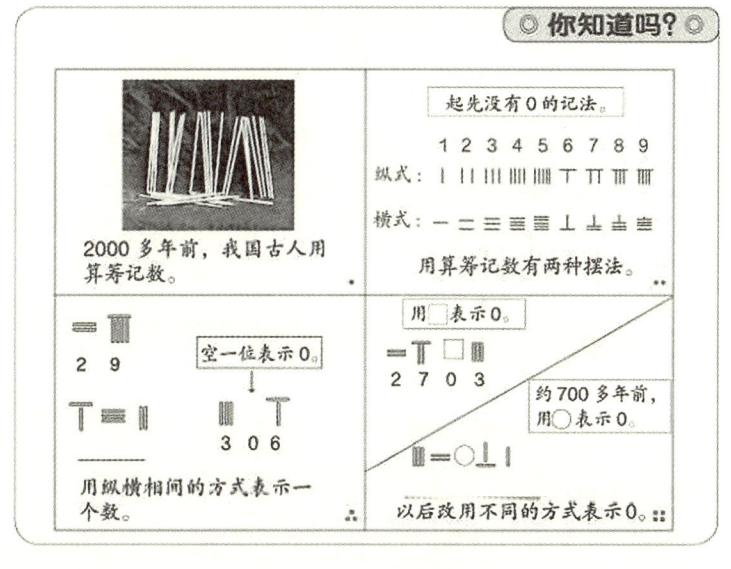

图 2-14　"0" 的发明

连环画的形式呈现引人注目，深受学生欢迎。例如 "0" 的发现在数学史上非常重要，人教版四年级上册教材中采用四方格小故事的方法介绍了算筹中 "0" 的发明历史。首先介绍了使用算筹计数的时间并配上算筹的图片；其次说明算筹记数的两种摆法，并提示学生刚开始没有 "0" 的记法；再次，用空位表示 "0"；最后用方框或者圆表示 "0"。见图 2-14。

分数是小学数学学习的难点,苏教版教材用连环画的形式呈现了分数的历史发展过程(三年级上册,第92页)。见图2-15。

图2-15 分数的发明

2.1.8 研究结论与建议

1. 研究结论

通过对人教版、苏教版和北师大版小学数学教材中数学文化的统计分析,得出如下结论:

(1)三种版本教材中数学文化的栏目设置格局是相似的,习题的数量占据了绝大多数,其次是例题,然后是阅读材料,最后是引文,其中人教版数学文化内容在栏目中的分布是较为均衡的。

(2)北师大版中数学文化数量是最多的,其次分别是苏教版和人教版。数学与现实生活的数量在三种版本小学数学教材当中都是最多的数学文化内容,接下来依次是数学与科学技术、数学与人文艺术、数学史。相对于数学与现实生活，其他三类数学文化数量较少。

（3）在课程内容分布中，三种版本教材中的数学文化大多分布在"数与代数"的课程内容部分，这与课标中数与代数内容最多相符合。在以年级为维度的数学文化内容的分类统计中，三种版本教材的均衡性相差不大，其中北师大版中数学文化的数量随着年级的升高而不断增加，人教版和苏教版的变化有些波动。

（4）在三种版本小学数学教材当中，数学史的运用方式多为附加式，并且数学史的内容多出自于阅读材料的非正文部分，其他数学文化的运用方式多数为可分离型，对数学知识与数学文化结合的程度不够。

（5）三种版本教材当中，数学文化的呈现形式最多的是以图片为主出现，而其他三类较少，特别连环画的比例是最低的。

2. 教材编写建议

基于三种版本数学文化的比较，对我国小学数学教材中数学文化的编写提出如下建议：

（1）均衡数学文化的栏目分布。三种版本小学数学教材中大多数的数学文化内容都出现在习题部分，而引文和阅读材料中的数学文化不多。事实上，在引文部分渗透数学史，可以了解概念的历史起源和发展。引文中的数学文化知识可用于创设情境，激发学生学习的动机。阅读材料中的数学文化内容，能够拓展学生的学习视野，开阔眼界。因此，小学数学教材中的数学文化内容要均衡分布，不能过多局限于某一个栏目。

（2）调整数学文化的内容分布。三种版本小学数学教材，数学与现实生活方面的内容较为丰富，而其他内容相对比较薄弱，教材编写时要加强与科学技术和人文艺术的结合，让学生不仅能够感受到数学的科学价值，又能感受到数学的艺术价值。从小学全科教育的视角来看，在小学数学教材中引入人文艺术内容，把小学生喜爱的音、体、美等内容和数学有机融合起来，可以让学生认识到学习数学的价值，感悟到数学美的熏陶。

（3）提高数学文化的运用水平。从上面的统计发现，小学数学教材中数学文化的运用水平大多为附加式，且为可分离型，数学文化的内容在教材中几乎都是简单的移植和嫁接，教师在教学中也无法实施。为此，要提高数学文化融入数学教材的层次，在数学文化视野中进行数学教材的空间设计，充分挖掘隐藏在知识背后的数学思想方法、数学思维方式和数学理性精神,这样才能真正体现数学文化的价值。①

2.2 人教版小学数学教材中的少数民族元素

2.2.1 少数民族元素的内容分布

少数民族元素包括了少数民族的自然属性和人文属性。自然属性主要包括少数民族地区的自然环境;人文属性主要包括少数民族的物质文化和精神文化,物质文化包括饮食、衣着、住宅、生产工具等内容;精神文化包括语言、文字、文学、科学、艺术、哲学、宗教、风俗、节日等内容。②

1. 人教版小学数学教材中的少数民族元素

根据对人教版小学数学教科书中的少数民族元素进行统计、分析、归类,见表2-14。其中同一处素材可能属于两种或两种以上类型的少数民族元素,同一种少数民族元素可能在多处出现。

表2-14 人教版小学数学教材中少数民族元素

年 级	教学内容	少数民族元素	栏 目
一年级上册	1~5的认识和加减法	大象	习题
	1~5的认识和加减法	藏羚羊	习题
	1~5的认识和加减法	俄罗斯套娃	习题
	6~10的认识和加减法	大象	习题
	6~10的认识和加减法	孔雀	习题
	6~10的认识和加减法	大象	习题

---

① 聂艳军. 数学文化视角下教材空间设计的实践[J]. 教学与管理,2014(5):55-57.
② 陈朝东,蒋秋,张阳开. 中国小学数学教科书中少数民族元素的渗透探析[J]. 数学教育学报,2014,23(5):51-55.

续 表

年 级	教学内容	少数民族元素	栏 目
一年级下册	100 以内的加法和减法（一）	大象	习题
二年级上册	2~6 的乘法口诀	大象	习题
	2~6 的乘法口诀	亚洲象	习题
	表内乘法（二）	骆驼	习题
	9 的乘法口诀	赛龙舟	例题
	认识时间	木偶剧	例题
二年级下册	整百、整千数加减法	桂林	习题
	10 总复习	24 个民族娃娃	习题
三年级上册	测量	大象	做一做
	倍的认识	踢毽子	习题
	多位数乘一位数	大象	习题
	多位数乘一位数	打腰鼓	习题
	数学广角——集合	踢毽子	例题
	总复习	乌鲁木齐	复习
三年级下册	除数是一位数的除法	打腰鼓	习题
	两位数乘两位数	羚羊	习题
四年级上册	大数的认识	西藏	主题图
	大数的认识	布达拉宫	主题图
	大数的认识	新疆	主题图
	大数的认识	维吾尔族服饰	主题图
	大数的认识	珠穆朗玛峰	习题
	大数的认识	大象	习题
	公顷和平方千米	珠穆朗玛峰	习题
	公顷和平方千米	内蒙古	习题
	公顷和平方千米	内蒙古大草原	习题
	公顷和平方千米	西藏	习题
	公顷和平方千米	布达拉宫	习题

续　表

年　级	教学内容	少数民族元素	栏　目
四年级上册	公顷和平方千米	新疆	习题
	公顷和平方千米	新疆喀纳斯风景区	习题
	三位数乘两位数	大象	习题
	条形统计图	大象	习题
	数学广角——优化	赛马	例题
四年级下册	四则运算	格尔木市	例题
	四则运算	拉萨市	例题
	小数的意义和读写法	珠穆朗玛峰	习题
	小数与单位换算	大象	习题
	小数与单位换算	藏羚羊	习题
	小数与单位换算	长白山天池	习题
	平均数与条形统计图	踢毽子	例题
五年级上册	整数乘法定律推广到小数	大象	习题
	实际问题与方程	同心县	习题
	实际问题与方程	宁夏	习题
	实际问题与方程	大象	习题
五年级下册	容积和容积单位	新疆吐鲁番	习题
	容积和容积单位	新疆吐鲁番土坯房	习题
	容积和容积单位	葡萄干	习题
	分数与除法	葡萄干	习题
	真分数和假分数	睡鼠	习题
	分数的基本性质	56个民族	习题
六年级上册	分数乘法	青藏高原	习题
	分数乘法	大象	例题
	分数乘法	藏羚羊	例题
	位置与方向（二）	乌鲁木齐	习题
	圆的面积	蒙古包	习题

续　表

年　级	教学内容	少数民族元素	栏　目
六年级上册	百分数（一）	西藏	习题
	百分数（一）	藏羚羊	习题
	扇形统计图	踢毽子	例题
六年级下册	负数	珠穆朗玛峰	习题
	负数	吐鲁番盆地	习题
	圆柱与圆锥	打腰鼓	主题图
	圆柱与圆锥	蒙古包	习题
	比例的应用	乌鲁木齐	习题
	比例的应用	呼和浩特	习题
	比例的应用	格尔木	习题
	比例的应用	包头	习题
	比例的应用	库尔勒	习题
	比例的应用	阿拉山口	习题
	比例的应用	银川	习题
	比例的应用	拉萨	习题
	式与方程	踢毽子	做一做

从表 2-14 可知，在年级的分布上，人教版中少数民族元素在一至六年级均有渗透，但集中分布于第二学段四、五、六年级的教材中，其中四年级教材分布的少数民族元素最多。在栏目的选择上，人教版中少数民族元素集中于习题部分，例题、主题图、复习、做一做版块也分布有部分少数民族元素。

2. 少数民族元素分布情况

总的来说，人教版中的少数民族元素可以分为少数民族区域名称、自然环境、少数民族习俗、少数民族建筑、少数民族服饰、少数民族手工艺品、少数民族饮食、少数民族名称八种元素。人教版中关于少数民族元素最直接相关的元素是少数民族名称和少数民族区域名称，前者主要体现为各个少数民族名称，如藏族、蒙古族等，也包括类似为"56 个民族"，后者主要体现于省级、州级等少数民族自治区名称（如新疆、西藏等）及自治区内的市、县等名称（如格尔木市，同心县等）。其次，自然环境包括地形地貌、动物等（如珠穆朗玛峰、长白山天池、大象、藏羚羊等）；少数民族包括民族习俗（如赛龙舟、木偶戏等）、民族建筑（如布达拉宫、蒙古包等）、民族服饰（如维吾尔族服饰）、民族手工艺品（如俄罗斯套娃）、民族饮食（如葡萄干）五个部分。根据对人教版小学数学教科书中的少数民族元素进行统计、分析、归类，见表2-15，其中同一处素材可能属于两种或两种以上类型的少数民族元素，同一种少数民族元素可能在多处出现。

表2-15 少数民族元素分布

少数民族元素	数量（个）	百分比（%）
自然环境	32	42.11
少数民族区域名称	22	28.95
少数民族习俗	11	14.46
少数民族建筑	5	6.58
少数民族服饰	2	2.63
少数民族饮食	2	2.63
少数民族名称	1	1.32
少数民族手工艺品	1	1.32
总计	76	100

从表2-15可知，自然环境是在人教版中分布数量最多也是最为广泛的少数民族元素，其次是少数民族区域名称。相比而言最能直观向学生展示少数民族特色的民族服饰、手工艺品等则分布较少。

2.2.2 少数民族元素的呈现方式

数学文化的呈现形式分为四种：文字、文字为主、图片为主、连环画。结合人教版中少数民族文化元素的呈现，将少数民族文化元素的呈现方式分为文字、文字为主、图片、图片为主四种形式（见表2-16）。从表中可以看出，人教版中少数民族文化元素主要以图片的形式进行呈现，文字为主和图片为主的形式次之，文字的形式最少。

表2-16 少数民族文化元素的呈现方式　　　　　　（单位：个）

呈现形式	文　字	文字为主	图　片	图片为主
数量	10	21	26	19

1. 文字的呈现形式

文字的呈现形式强调以纯文字的形式呈现少数民族元素。在四年级上册"大数的认识"中，一道习题以文字的呈现方式向学生介绍了位于西藏自治区的世界最高峰珠穆朗玛峰的海拔为8844米，让学生更加了解少数民族地区的自然环境（见图2-16）。像这样仅以纯文字进行呈现的方式，较为单一，主要在习题和例题中作为情境出现。

图2-16 珠穆朗玛峰的高度

2. 以文字为主的呈现形式

以文字为主的呈现形式指少数民族元素呈现以文字为主、图片为辅。人教版五年级下册"容积与容积单位"中的一道习题，在用文字提到了新疆的特产葡萄干后，以新疆吐鲁番的一种长方形土坯房图片辅助说明葡萄干是在这样的房子中晾制的，不仅增添了学生阅读的趣味，也让学生更加了解少数民族的饮食文化。以文字为主的形式，适当结合图片，有利于学生更好地了解少数民族文化，见图2-17。

右图是新疆吐鲁番的一种长方体土坯房,其中一间的底面积是 18.6 m²,高是 2.1 m。它的容积是多少呢?

葡萄干就是在这样的房子中晾制的。

图 2-17　新疆吐鲁番土坯房

3. 图片的呈现形式

图片的呈现形式指少数民族元素呈现只有图片、没有文字的形式。图片的呈现形式,给学生以视觉冲击感,同时还能激发学生的想象力。人教版二年级下册"总复习"中,习题中的图片呈现了 24 个少数民族娃娃,需要计算平均分的问题。其中展现的维吾尔族、白族、景颇族、纳西族等少数民族服饰,可以让学生最为直观地感受少数民族文化,见图 2-18。

图 2-18　民族娃娃

4. 以图片为主的呈现形式

以图片为主的呈现形式指少数民族元素以图片为主、文字为辅。这样的呈现形式不仅可以最为直观地将少数民族元素呈现给学生，还可以借助文字的辅助解释，更好地向学生普及少数民族文化知识。人教版六年级下册"负数"中的一道习题将珠穆朗玛峰和吐鲁番盆地的海拔以图片的形式呈现，题目中的文字辅助解释了是如何对两地海拔高度进行规定的，见图2-19。

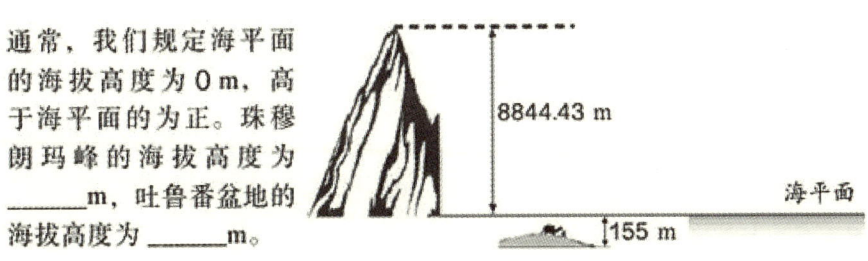

图2-19　珠穆朗玛峰与吐鲁番盆地

2.2.3　少数民族元素的运用水平

数学文化的运用水平可以分为外在型和内在型，内在型又可细分为可分离型和不可分离型。外在型是指仅仅介绍数学文化本身，不涉及数学知识；可分离型是指数学文化与数学可以分离，如果去掉数学文化背景，也不会影响此数学问题。① 参照以上分类方法，将人教版少数民族文化元素的运用水平进行分类统计，见表2-17。

表2-17　少数民族文化元素运用水平

类　别	数量（个）	百分比（％）
外在型	9	11.84
可分离型	61	80.26
不可分离型	6	7.90

---

① 吴骏，徐锦野．不同版本小学数学教材中数学文化的比较研究［J］．教学与管理，2017（29）：53-55．

1. 外在型

人教版六年级下册"比例的应用"中一道习题呈现了中国西北地区的一部分地图,除了与题目有关的少数民族区域名称乌鲁木齐以外,地图上还呈现了呼和浩特、包头、格尔木、库尔勒等少数民族区域名称,像这样仅呈现少数民族元素,而不涉及数学知识的少数民族元素运用水平,即为外在型。见图2-20。

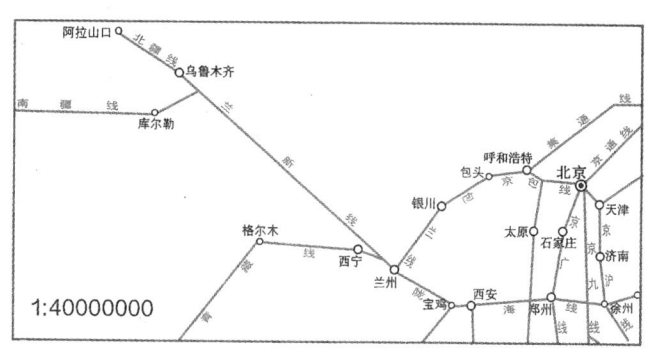

图2-20 西北地区部分地图

2. 可分离型

人教版二年级上册"9的乘法口诀"中例题呈现了赛龙舟的情境(见图2-21)。事实上,除了汉族有赛龙舟的习俗,傣族"泼水节"和苗族的"龙船节"都会举行赛龙舟的比赛。在这个情境中,数学问题可以与情境背后所蕴含的少数民族文化元素分离开,即是否知道赛龙舟为少数民族习俗并不影响解决数学问题。

3. 不可分离型

人教版六年级上册"圆的面积"中有一道习题,要求学生试着从数学的角度解释一下为什么草原上蒙古包的底面是圆形的(见图2-22)。蒙古包是蒙古族牧民居住的一种房子,由于蒙古族牧民终年要赶着他们的牛、羊、马去寻找新的草场,有一个制作简单、方便拆卸又安全的住宅是十分必要的。几何学告诉我们,周长相等的图形中圆的面积最大,因此,以圆形作为蒙古包的底面,最大程度的节省了材料;圆柱形也具有最大的支撑力和向心力,将蒙古包的主要部分制作成这样的形状也能更好地保护蒙古族牧民的安全。在这道习题中,如果学生对于蒙古族牧民迁徙的文化背景不了解，那么也无法理解蒙古包底面设计为圆形的意图，因此这样呈现少数民族文化元素的形式为不可分离型。

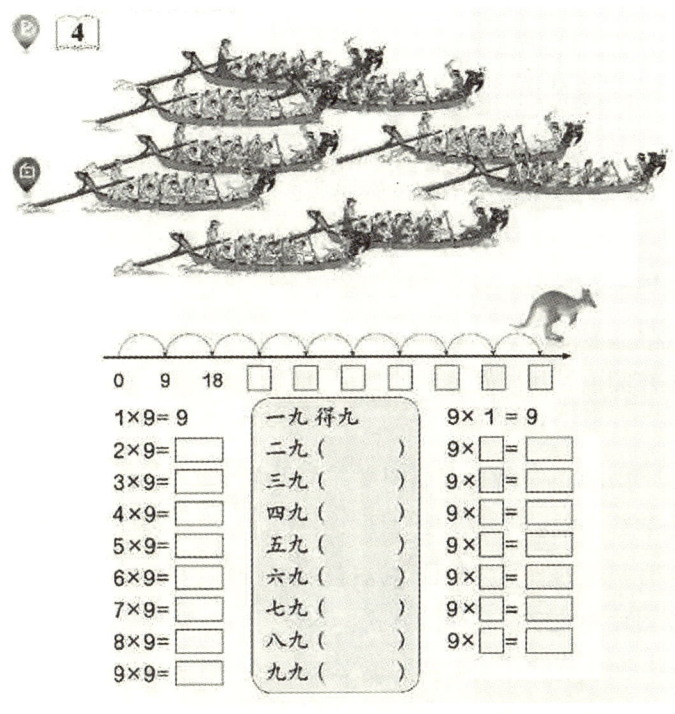

图 2-21　赛龙舟

17.* 为什么草原上蒙古包的底面是圆形的？为什么绝大多数的根和茎的横截面是圆形的？请你试着从数学的角度解释一下。

图 2-22　蒙古包

2.2.4 结论与启示

根据对人教版小学数学教材中的少数民族文化元素进行探索，主要有以下几点结论与启示。

1. 少数民族元素的内容分布以自然环境和少数民族区域名称为主

教材中以具有代表性的地形地貌与动物作为渗透点，将丰富多彩的少数民族自然环境元素直观地呈现给学生。少数民族区域名称有利于学生了解少数民族的集中分布区域，更进一步明确 56 个民族共同组成了中华民族这个大家庭的意识，从而培养学生的民族意识。教材中的习题作为小学数学教材的重要资源和教学载体，体现了教材的思想文化以及价值取向。将少数民族元素融于习题中，能潜移默化地让学生在阅读题目以及思考的过程中感受少数民族文化，体会少数民族文化的多样性。

2. 少数民族元素的呈现方式以图文并茂为主

人教版小学数学教科书中主要以图文并茂的方式呈现少数民族元素，儿童数学认知思维具有明显的直观化特征，这样的呈现遵循了小学生形象、直观的思维认知规律。以图片和文字相结合的方式，不仅可以让学生从图片中更清楚地感受少数民族元素，而且能够让学生在阅读文字的过程中加深对民族元素的理解，以利于少数民族元素的发展和传承。

3. 少数民族元素的运用水平大多为可分离型

人教版小学数学教科书中的少数民族元素运用水平主要为可分离型，这表明人教版中少数民族文化与数学知识的关联性较低，学生在学习的过程中无法掌握相应的少数民族元素，这会导致学生对少数民族文化的感知不清晰、模糊甚至混淆。为此，要提高少数民族元素融入教材的层次，将少数民族文化融入教材中，让学生在学习的过程中感受少数民族文化魅力，进而发展、传承少数民族文化。

第3章 民族地区小学数学文化教学现状调查设计

本章是民族地区小学数学文化教学现状调查的研究设计，主要包括研究对象、研究工具、数据的处理与分析等几个方面，调查内容为教师数学文化素养和学生数学文化水平。

3.1 研究对象

少数民族地区小学数学文化教学现状，需要从教师和学生两方面进行调查。在数学文化的学习上，六年级学生更具代表性，教师仅限于小学数学教师。研究对象涉及了云南省八个少数民族自治州（迪庆藏族自治州、大理白族自治州、楚雄彝族自治州、德宏傣族景颇族自治州、西双版纳傣族自治州、红河哈尼族彝族自治州、文山壮族苗族自治州和怒江傈僳族自治州）和三个少数民族自治县（丽江玉龙纳西族自治县、临沧市耿马傣族佤族自治县、临沧市双江拉祜族佤族布朗族傣族自治县）中的30所学校。发放教师问卷850份，有效问卷802份，有效率为94.35%；学生问卷2500份，有效问卷2377份，有效率为95.08%。参与调查的教师背景信息见表3-1、表3-2，参与调查的学生背景信息见表3-3、表3-4。

表 3-1 参与调查的教师基本信息

被试特征	类 别	人数（人）	百分比（%）
性别	男	303	37.8
	女	499	62.2
民族	汉族	357	44.5
	少数民族	445	55.5
区域	县城	232	28.9
	乡镇	570	71.1
教龄	5年以下	111	13.8
	6-10年	129	16.1
	11-15年	91	11.3
	16-20年	185	23.1
	21年及以上	286	35.7
学历	高中、中师及以下	23	2.9
	专科	315	39.3
	本科	464	57.8
	硕士及以上	0	0
职称	三级教师	60	7.5
	二级教师	226	28.2
	一级教师	353	44.0
	高级教师	163	20.3

表 3-2 参与调查的教师民族分布

序 号	民 族	人数（人）	百分比（%）
1	汉族	357	44.5
2	彝族	117	14.6
3	藏族	66	8.2
4	哈尼族	53	6.6

续 表

序 号	民 族	人数（人）	百分比（%）
5	傣族	52	6.5
6	壮族	46	5.7
7	傈僳族	27	3.4
8	纳西族	25	3.1
9	白族	18	2.2
10	基诺族	10	1.2
11	佤族	9	1.2
12	拉祜族	7	0.9
13	回族	4	0.5
14	瑶族	4	0.5
15	苗族	4	0.5
16	蒙古族	2	0.3
17	布朗族	1	0.1

表3-3 参与调查的学生基本信息

被试特征	类别	人数（人）	百分比（%）
性别	男	1147	48.3
	女	1230	51.7
民族	汉族	521	21.9
	少数民族	1856	78.1
区域	县城	835	35.1
	乡镇	1542	64.9

表3-4 参与调查的学生民族分布

序 号	民 族	人数（人）	百分比（%）
1	彝族	545	22.9

续　表

序　号	民　族	人数（人）	百分比（%）
2	汉族	521	21.9
3	藏族	233	9.8
4	傣族	195	8.2
5	白族	159	6.7
6	壮族	158	6.6
7	哈尼族	136	5.7
8	纳西族	116	4.9
9	傈僳族	100	4.2
10	佤族	46	1.9
11	苗族	43	1.8
12	拉祜族	40	1.7
13	瑶族	29	1.2
14	景颇族	28	1.2
15	回族	11	0.6
16	德昂族	5	0.3
17	阿昌族	3	0.1
18	土家族	3	0.1
19	布依族	3	0.1
20	达斡尔族	2	0.1
21	布朗族	1	0.0

3.2　研究工具

为了解少数民族地区小学数学文化教学情况，分别从教师层面和学生层面设计调查问卷。另外，还设计教师和学生访谈提纲，这是对问卷调查的补充和深化研究。

3.2.1 小学数学教师数学文化素养调查问卷

1. 教师调查问卷的结构

根据第一章对教师数学文化素养的界定,本研究把小学数学教师数学文化素养分为三个维度:数学文化认识、数学文化知识、数学文化运用。见表3-5。

表3-5 教师调查问卷维度

一级维度	二级维度	题 号
数学文化认识	态度、数学课标、教材、课堂、试卷、数学美	1、2、3、4、5、6
数学文化知识	数学知识的产生、数学家的故事、数学的应用、数学思想与方法	7、8、9、10、11、12、13、14、15、16、17、18、19、20、21
数学文化运用	数学文化的作用、运用途径、存在的问题	22、23、24

每个维度的具体内容如下:

(1) 数学文化认识。这个维度主要是了解教师对数学文化的态度,对数学课标、教材、课堂、试卷中有关数学文化的认识情况,以及如何看待数学美。

(2) 数学文化知识。在小学数学教材中,数学文化分布非常广泛,本研究根据孟梦、蒋秋等人对小学数学教材中数学文化内容的分类,①② 以小学数学教材数学文化专题栏目"你知道吗?"为依托,把小学数学教师小学数学文化知识分为:数学知识的产生、数学家的故事、数学的应用、数学思想与方法四个方面。

(3) 数学文化运用。这个维度主要是了解教师在教学中运用数学文化产生的作用、运用数学文化的主要途径、教师在教学中运用数学文化存在的问题。问

---

① 孟梦,杨慧娟,李长毅.数学文化在小学数学新教材中的实践研究——以西师版为例[J].数学教育学报,2012,21 (2):61-63.

② 蒋秋,刘芳,邝孔秀.数学文化融入小学数学教科书的编写策略探析[J].数学教育学报,2015,24 (5):92-95.

卷最后设置了一个开放题，考察教师在数学教学中运用数学文化的经历。

此外，在上述三个维度的基础上，还设置了三道题目考察教师数学文化知识的来源，在对结果的分析中可能会用到这个维度的数据。

2. 教师调查问卷的编制

小学数学教师数学文化素养调查问卷分为三个部分。第一个部分是调查目的和答题说明；第二个部分是教师的基本情况，包括教师的性别、民族、学校、教龄、学历以及职称；第三部分是具体题目，其中包括三个维度：教师对数学文化的认识；教师对数学文化知识的掌握；教师运用数学文化教学的能力。每个维度的具体问题设计参考了徐君[1]、胡晓敏[2]、熊妍茜[3]等人的研究，是结合数学课程标准和小学数学教材编制的。在问卷设计过程中，阅读了大量相关文献，多次向相关专家和一线教师请教，并进行了两次预测试，对每次测试中发现的问题及时进行了修改。

第一次测试：在昆明市区选择优质小学和一般小学各两所，对学校的92名小学数学教师进行问卷调查，预测试后发现的问题：

（1）有一题的答案存在争论。题目：中国传统数学以（　　）为基础，以算为主，寓理于算。选项：A. 算筹，B. 筹算，C. 珠算，D. 算术。这道题本是借鉴于一篇有关高校学生数学文化素养调查研究的硕士论文，给出的答案是筹算，但是测试时，有教师认为这道题存在不同的答案。最后，为了减少大家的争论，决定删除此题。

（2）有一题教师们感觉很生疏，都不会做。题目：在现存的中国古代数学著作中，最早的一部是（　　）。选项：A.《孙子算经》，B.《墨经》，C.《算数书》，D.《周髀算经》。经过测试了解情况后，这道题删除了。

（3）有一题出现了和前面问题重复的情况。题目：写出5位或更多中国或外国数学家的名字。教师反映，前面选择题中有关于数学家的测试，这道填空题的答案可以复制前面选择题的选项。因此，这道题目失去了测试价值，最后把这道

---

[1] 徐君，赵志云，田强，等. 少数民族中学数学教师数学史素养调查研究——以内蒙古自治区包头市部分中学蒙古族教师为例［J］. 数学教育学报，2011，20（4）：80－82.

[2] 胡晓敏. 数学史融入小学数学教学的现状调查与分析［J］. 小学教学（数学版），2010（4）：6－8.

[3] 熊妍茜. 数学文化在小学数学课堂教学中的实践探索［D］. 重庆：西南大学，2016.

题也删除了。

第一次测试之后，问卷中删除了 3 个题目，同时也添加了 3 个题目。

添加的第一个题目：古代知识来源于实践，古代埃及的几何学产生于（　　）。选项：A. 测地，B. 宗教，C. 天文，D. 不知道。这是有关数学来源方面的题目。

添加的第二个题目：您知道莫比乌斯带有几个面吗？（　　）选项：A. 一面，B. 两面，C. 三面，D. 不知道，这是有关数学应用方面的题目。

添加的第三个题目：两个多位数相乘有一种方法叫做"格子乘法"，您了解这种方法吗？（　　）选项：A. 非常了解，B. 比较了解，C. 不太了解，D. 不了解。这是有关数学方法方面的题目。

第二次测试：研究者在红河州建水县给国培小学数学教师授课，利用这次机会，给参加培训的 86 名小学数学教师发放调查问卷，发现如下问题：

（1）教师们对开放题普遍没有回答。题目：您在数学教学中有成功运用数学文化的经历吗？请举例简要说明。这道题在第一次测试时就发现很多教师没有作答，原以为是他们没有运用数学文化教学的经历。在第二次测试时，很多教师反映，虽然自己在教学中有运用数学文化的经历，但是不知道算不算成功，所以干脆不回答。了解原因之后，对此题进行了修改，把问题中的"成功"两字去掉了。

（2）很多教师反映问卷中的开放题目有点多。因为开放题的回答需要时间，在实际调查中，很多教师是不愿花很多时间来回答，大家觉得开放题目最多一个就够了。于是，删掉了第二个开放题：请您谈谈民族文化背景和教育条件对小学数学文化教学的影响？并把这个问题添加到了教师访谈里面。

（3）为避免教师对数学文化产生歧义，使于教师对答题中的选项做出判断，在调查问卷引言中给出了顾沛教授关于数学文化的定义。

3. 教师访谈提纲

教师访谈提纲的设计立足于教师"教"的视角，结合民族地区教师的特点，对调查问卷进行扩充与深化，对问卷中存在的一些疑问进行了进一步考察，也在一定程度上回应了调查问卷。问题的设计结合了调查问卷内容，主要包括教师对数学文化认识、教师对数学文化知识掌握、教师运用数学文化教学能力等，并结合民族地区教师的特点，了解数学文化背景和教育条件对数学文化教学的影响。采用个别访谈的方式，从不同区域和类型的调研学校里随机选取 3 位数学教师进行访谈,并且选出的 3 位教师尽量按专家型、成熟型和新手型组合,兼顾到年龄和民族特征,研究中共访谈了 12 位教师。

3.2.2 学生数学文化调查问卷

1. 学生调查问卷的结构

本研究把学生的调查问卷分为两个部分,第一部分是学生对数学文化知识的掌握。与教师调查问卷类似,参考了孟梦[①]、蒋秋[②]、王久红[③]、赵雪[④]、芮金芳[⑤]等人的研究,把学生对数学文化知识的掌握分为数学知识的产生、数学思想与方法、数学家的故事、数学的应用四个方面。第二部分是数学文化的学习情况,包括数学文化内容、数学美、数学文化价值和作用、数学文化学习方式等。问卷最后设置了一个开放题,要求学生谈谈学习数学的作用,进一步考查学生对数学价值的认识。具体见表 3-6。

表 3-6 学生调查问卷维度

一级维度	二级维度	题 号
数学文化知识的掌握	数学知识的产生、数学思想与方法、数学家的故事、数学的应用	7、8、9、10、11、12、13、14、15、16、17、18、19、20、21
数学文化的学习情况	数学文化内容、数学美、数学文化价值和作用、数学文化学习方式	1、2、3、4、5、6

---

① 孟梦,杨慧娟,李长毅. 数学文化在小学数学新教材中的实践研究——以西师版为例[J]. 数学教育学报,2012,21(2):61-63.
② 蒋秋,刘芳,邝孔秀. 数学文化融入小学数学教科书的编写策略探析[J]. 数学教育学报,2015,24(5):92-95.
③ 王久红. 小学数学教材数学文化内容的编写[J]. 教育理论与实践,2010(2):22-24.
④ 赵雪. 潜移默化润物无声——从人教版教材"你知道吗"看数学文化的渗透[J]. 小学数学教育,2011(4):5-6.
⑤ 芮金芳. 三种版本教材"你知道吗"统计分析与教学思考[J]. 小学数学教育,2016(6):36-37.

2. 学生调查问卷的编制

学生调查问卷主要包括两个部分：第一部分是研究对象的基本信息，包括性别、民族和学校；第二部分是本研究调查的主要内容，具体为小学生对数学文化知识的掌握及其教学反馈情况。在问卷设计过程中，进行了两次预测试，对测试中发现的问题及时进行了修改。

第一次测试：在昆明市区选择优质小学和一般小学各两所，随机抽取六年级两个班的 196 名小学生进行问卷调查，预测试后发现的问题：

以下两道题目是六年级下册的内容，而我们的调查跨度为一年，因而有些地方未必能调查到六年级第二学期的学生，因而问卷中删去六年级下册的数学文化内容，改用六年级上册及其之前的内容。

题目：世界上最早是在（　　）中使用负数。

A. 埃及著作　　　B. 阿拉伯著作　　　C. 中国著作　　　D. 印度著作

题目：解决了"哥尼斯堡七桥问题"的数学家是（　　）。

A. 高斯　　　B. 欧拉　　　C. 庞加莱　　　D. 陈省身

第二次测试：研究者在红河州建水县民族地区城镇和乡村各选择两所学校，对 160 名小学生进行测试，发现的问题：

数学家的故事测试题的设计和教师问卷雷同，而且采用选择题的形式并不能很好测试出学生的真实情况，因而改为问答题的形式，给出一些著名数学家的名字，让学生勾选，并说出这些数学家的贡献。

问卷中设置了一个开放题：联系实际生活，谈一谈数学在生活中的应用。学生回答都把数学局限于生活中的应用，因而数学应用的范围太狭窄。把题目改为：你认为学习数学有什么作用？这样讨论数学的应用更具有开放性。

与教师问卷调查类似，为避免学生对数学文化产生歧义，便于学生对答题中的选项做出判断。在调查问卷引言部分同样给出了顾沛关于数学文化的定义。

3. 学生访谈提纲

学生访谈提纲的设计立足于学生"学"的视角，对问卷所涉及的回答进一步落实，从定性方面检验调查内容。访谈的主要内容是学生对数学文化知识的掌握，以及对数学文化融入数学教学的看法。本研究中访谈方式为个别访谈，从被访谈学生中按学校所在行政区域（如县城、乡镇）分别随机抽取学生进行访谈，共访谈了15位来自于调研学校的小学六年级学生。

3.3 数据的处理与分析

3.3.1 数据的编码

1. 小学数学教师数学文化素养调查问卷的编码

（1）数学文化的认识：对于选择题和填空题，均统计每个选项的回答人数。

（2）数学文化知识的掌握：选择题和填空题统计答案正确与否，正确的录入1，错误的录入0即可。第15题斐波那契数列和第18题格子乘法问题，教师只要回答了解或比较了解则赋值1，其余选项记为0；第21题要求教师写出至少3种数学思想与方法，教师没有回答赋值0，回答出1－2种，赋值1，回答出3种及以上赋值2。

（3）数学文化运用能力：无论单选还是多选，统计每个选项的回答人数。开放题属于教师数学文化的运用能力范畴，统计相关案例的人数，并列举典型代表。

2. 学生数学文化调查问卷的编码

（1）数学文化知识的掌握：对于选择题和判断题，统计答案正确与否，正确的录入1，错误的录入0。其中第19题，主要统计学生所选的数学家，选出三个以上数学家并能准确说出其中一个数学家的相关故事记为4，选出两个数学家并准确说出数学家相关故事记为3，选出一至两个数学家没有准确叙述其相关故事记为2，只选了数学家未进行叙述的记为1，没有选择和叙述的记为0。开放题归属于数学应用的范围，分类统计，列举典型例子。

（2）数学文化学习情况：统计每个选项的回答人数。

3. 访谈教师编码

本研究共访谈了12位老师，编号分别为T1－T12。

4. 访谈学生编码

本研究共访谈了15位学生，编号分别为S1－S15。

3.3.2 数据的分析

将收集的数据录入 SPSS19.0 统计软件，运用描述性统计、独立样本 T 检验、单因素方差分析、卡方检验等方法进行统计分析。

3.4 研究伦理

本研究在被研究学校领导、任课教师和学生的同意和支持下开展。在数学文化的调查问卷中，首先在问卷指导语中说明本次调查目的，其次说明问卷所得结果仅作为调查研究获取信息的一种参考，匿名回答。在处理问卷时，研究者也会对调查结果的个人信息严格保密。在访谈前，本研究也会对访谈对象说明研究意图，并承诺一定会对个人和学校信息严格保密。

任何一项研究都会涉及一定的伦理问题，因此，本研究从保持科学严谨的态度和遵守道德原则两个方面来保证研究质量和维护研究对象的权益。本研究在整个研究过程中严格遵守以下三个原则：一是尊重他人研究成果，任何引用的文献资料都会标明其出处；二是保护被调查者的隐私，在研究过程中采用匿名的方式，研究结果仅用于科学研究，并在开展研究前告知研究对象；三是以科学严谨的态度来撰写研究内容，本书如实处理调查数据，所有研究结果均由实际调查而得。

第4章 民族地区小学数学教师数学文化素养调查

将数学文化融入数学教学中,关键在于教师。本章采用调查问卷和访谈的方式,从教师对数学文化的认识、教师对数学文化知识的掌握以及教师运用数学文化的能力三个方面考察民族地区小学数学教师的数学文化素养。

4.1 教师对数学文化认识的调查

4.1.1 教师对数学文化认识的总体分析

为了了解民族地区小学数学教师对数学文化的认识情况,采用调查问卷的形式对教师进行调查,主要包括数学文化的重要性、数学课程标准和教材中的数学文化、课堂教学中融入数学文化、数学试卷中的数学文化、数学美等几个方面。结果如下:

1. 数学文化的重要性

对数学文化重要性的认识,反映了教师对数学文化的态度。从表4-1可以看出,少数民族地区有99.4%的小学数学教师认识到数学文化的重要性。

表4-1 教师对数学文化重要性的认识

人数及占比	非常重要	比较重要	不太重要	不重要
人数(人)	620	177	3	2
百分比(%)	77.3	22.1	0.4	0.2

2. 数学课程标准中的数学文化

《数学课程标准》中对数学文化内容提出了相关的要求，对教学起着纲领性的作用。从表 4-2 可以看出，大多数教师对课标中有关数学文化内容有所了解，约有三分之一的教师对数学课程标准中的数学文化内容不太了解和不了解。

表 4-2 教师对数学课标中数学文化的了解

人数及占比	非常了解	比较了解	不太了解	不了解
人数（人）	101	455	234	12
百分比（%）	12.6	56.7	29.2	1.5

3. 数学教材中的数学文化

教师教学工作的开展离不开教材，小学数学教材中含有许多数学文化的相关内容，教师对教材中数学文化的了解程度也反映了其在教学中能否渗透数学文化。表 4-3 数据显示，有 77.8% 的教师了解教材中数学文化的知识内容，但还有 22.2% 的教师表示不太了解和不了解教材中数学文化相关内容。

表 4-3 教师对数学教材中数学文化的了解

人数及占比	非常了解	比较了解	不太了解	不了解
人数（人）	188	436	171	7
百分比（%）	23.4	54.4	21.3	0.9

4. 课堂教学中融入数学文化

教师在课堂中适时地渗透相关数学文化知识，对学生的学习起着积极作用。从表 4-4 可以看出，几乎所有教师认为在小学数学课堂教学中，结合数学文化知识进行讲解是必要的，不过数学文化的融入要看实际情况。

表 4-4　教师对数学文化融入课堂教学必要性的认识

人数及占比	很有必要	有必要，但要看实际情况	说不清楚	完全没有必要
人数（人）	363	425	10	4
百分比（%）	45.3	53.0	1.2	0.5

5. 数学试卷中的数学文化

这道题是针对在应试教育的大社会背景下而编制的，因为目前很多老师存在以考试为导向的教学模式。从各选项的统计结果来看，认为以数学文化为背景编制小学数学试题有意义的教师占了87.5%，而认为不太有意义和没有意义的只有12.5%。从表4-5统计结果中可以初步得出，绝大部分的教师愿意把数学文化知识运用到小学数学试题中。

表 4-5　教师对数学文化为背景编制试卷的看法

人数及占比	非常有意义	比较有意义	不太有意义	没有意义
人数（人）	296	406	90	10
百分比（%）	36.9	50.6	11.3	1.2

6. 数学美

数学美是数学文化中重要的组成部分，教师对数学欣赏价值的认可既反映了自身的数学素养，对学生对数学的认知也有着潜移默化的作用。从表4-6来看，接近90%的教师认为数学具有欣赏价值，认可数学美。但有11.2%左右的教师不太赞同数学具有欣赏价值，教师持非常明确的不赞同观点的很少，这部分教师对数学美的认可度还需提高。

表 4-6　教师对数学美的认识

人数及占比	非常赞同	比较赞同	不太赞同	不赞同
人数（人）	331	371	90	10
百分比（%）	41.3	46.3	11.2	1.2

4.1.2 教师对数学文化认识的差异分析

1. 性别差异

从表 4-7 中可以看出,男女教师在调查的几个方面均无显著性差异(P > 0.05),说明男女教师对数学文化重要性的认识无显著性差异。

表 4-7 小学数学教师对数学文化认识的性别差异

(1) 教师对数学文化重要性的认识

性别	非常重要	比较重要	不太重要	不重要
男	226 (74.6)	73 (24.0)	2 (0.7)	2 (0.7)
女	394 (79.0)	104 (20.8)	1 (0.2)	0 (0)

χ^2 检验结果: $\chi^2 = 5.727, df = 3, sig = 0.126$

(2) 教师对数学课标中数学文化的了解

性别	非常了解	比较了解	不太了解	不了解
男	46 (15.2)	174 (57.4)	80 (26.4)	3 (1.0)
女	55 (11.0)	281 (56.3)	154 (30.9)	9 (1.8)

χ^2 检验结果: $\chi^2 = 4.750, df = 3, sig = 0.191$

(3) 教师对数学教材中数学文化的了解

性别	非常了解	比较了解	不太了解	不了解
男	71 (23.4)	177 (58.4)	52 (17.2)	3 (1.0)
女	117 (23.4)	259 (51.9)	119 (23.8)	4 (0.9)

χ^2 检验结果: $\chi^2 = 5.500, df = 3, sig = 0.139$

(4) 教师对数学文化融入课堂教学必要性的认识

性别	很有必要	要,但要看实际情况	说不清楚	完全没有必要
男	142 (46.8)	153 (50.5)	6 (2.0)	2 (0.7)
女	221 (44.3)	272 (54.5)	4 (0.8)	2 (0.4)

χ^2 检验结果: $\chi^2 = 3.204, df = 3, sig = 0.361$

(5) 教师对数学文化为背景编制试卷的看法

性　别	非常有意义	比较有意义	不太有意义	没有意义
男	122（40.2）	147（48.5）	29（9.6）	5（1.7）
女	175（35.1）	258（51.7）	61（12.2）	5（1.0）

χ^2 检验结果：$\chi^2 = 3.571, df = 3, sig = 0.312$

(6) 教师对数学美的认识

性　别	非常赞同	比较赞同	不太赞同	不赞同
男	131（43.2）	129（42.6）	38（12.5）	5（1.7）
女	200（40.1）	242（48.5）	52（10.4）	5（1.0）

χ^2 检验结果：$\chi^2 = 3.275, df = 3, sig = 0.351$

注：单位：人，括号内数字为百分比，以下同

2. 民族差异

从表4－8中可以看出，少数民族和汉族教师在"对把数学文化融入课堂教学中必要性的认识"选项上存在显著差异（P＜0.05），在其余选项上均无显著性差异（P＞0.05）。

表4－8　小学数学教师对数学文化认识的民族差异

(1) 教师对数学文化重要性的认识

民　族	非常重要	比较重要	不太重要	不重要
汉族	283（79.3）	71（19.9）	3（0.8）	0（0）
少数民族	337（75.8）	106（23.8）	0（0）	2（0.4）

χ^2 检验结果：$\chi^2 = 7.053, df = 3, sig = 0.070$

(2) 教师对数学课标中数学文化的了解

民　族	非常了解	比较了解	不太了解	不了解
汉族	48（13.4）	188（52.8）	113（31.6）	8（2.2）
少数民族	53（11.9）	267（59.9）	121（27.2）	4（1.0）

χ^2 检验结果：$\chi^2 = 5.987, df = 3, sig = 0.112$

（3）教师对数学教材中数学文化的了解

民　族	非常了解	比较了解	不太了解	不了解
汉族	83（23.2）	186（52.2）	85（23.8）	3（0.8）
少数民族	105（23.5）	250（56.2）	86（19.4）	4（0.9）

χ^2 检验结果：$\chi^2 = 2.492, df = 3, sig = 0.477$

（4）教师对数学文化融入课堂教学必要性的认识

民　族	很有必要	要，但要看实际情况	说不清楚	完全没有必要
汉族	147（41.2）	208（58.2）	2（0.6）	0（0）
少数民族	216（48.5）	217（48.8）	8（1.8）	4（0.9）

χ^2 检验结果：$\chi^2 = 11.388, df = 3, sig = 0.010$

（5）教师对数学文化为背景编制试卷的看法

民　族	非常有意义	比较有意义	不太有意义	没有意义
汉族	130（36.4）	181（50.7）	42（11.8）	4（1.1）
少数民族	167（37.5）	224（50.3）	48（10.8）	6（1.4）

χ^2 检验结果：$\chi^2 = 0.323, df = 3, sig = 0.956$

（6）教师对数学美的认识

民　族	非常赞同	比较赞同	不太赞同	不赞同
汉族	141（39.5）	169（47.5）	45（12.5）	2（0.5）
少数民族	190（42.6）	202（45.4）	45（10.2）	8（1.8）

χ^2 检验结果：$\chi^2 = 4.184, df = 3, sig = 0.242$

3. 城乡差异

从表4-9中可以看出，城乡教师在"对数学课标中数学文化的了解""对教材中数学文化的了解"和"对数学美的认识"选项上存在显著差异（P<0.05），在其余选项上无显著性差异（P>0.05）。

表4-9 小学数学教师对数学文化认识的城乡差异

（1）教师对数学文化重要性的认识

区 域	非常重要	比较重要	不太重要	不重要
县城	188（81.0）	43（18.5）	1（0.5）	0（0）
乡镇	432（75.8）	134（23.4）	2（0.4）	2（0.4）

χ^2检验结果：$\chi^2 = 3.278, df = 3, sig = 0.351$

（2）教师对数学课标中数学文化的了解

区 域	非常了解	比较了解	不太了解	不了解
县城	45（19.4）	129（55.6）	56（24.1）	2（0.9）
乡镇	56（9.8）	326（57.2）	178（31.2）	10（1.8）

χ^2检验结果：$\chi^2 = 15.788, df = 3, sig = 0.001$

（3）教师对数学教材中数学文化的了解

区 域	非常了解	比较了解	不太了解	不了解
县城	65（28.0）	129（55.6）	38（16.4）	0（0）
乡镇	123（21.6）	307（53.9）	133（23.3）	7（1.2）

χ^2检验结果：$\chi^2 = 9.597, df = 3, sig = 0.022$

（4）教师对数学文化融入课堂教学必要性的认识

区 域	很有必要	要，但要看实际情况	说不清楚	完全没有必要
县城	106（45.7）	126（54.3）	0（0）	0（0）
乡镇	257（45.0）	299（52.5）	10（1.8）	4（0.7）

χ^2检验结果：$\chi^2 = 5.818, df = 3, sig = 0.121$

（5）教师对数学文化为背景编制试卷的看法

区 域	非常有意义	比较有意义	不太有意义	没有意义
县城	84（36.3）	111（47.8）	36（15.5）	1（0.4）
乡镇	213（37.4）	294（51.6）	54（9.5）	9（1.6）

χ^2检验结果：$\chi^2 = 7.625, df = 3, sig = 0.054$

(6) 教师对数学美的认识

区 域	非常赞同	比较赞同	不太赞同	不赞同
县城	94 (40.5)	98 (42.2)	38 (16.4)	2 (0.9)
乡镇	237 (41.6)	273 (47.9)	52 (9.1)	8 (1.4)

χ^2 检验结果：$\chi^2 = 9.309, df = 3, sig = 0.025$

4. 教龄差异

从表 4-10 中可以看出，不同教龄教师在"对数学课标中数学文化的了解"和"对教材中数学文化的了解"选项上存在非常显著的差异（P<0.01），在其余选项上无显著性差异（P>0.05）。

表 4-10 小学数学教师对数学文化认识的教龄差异

(1) 教师对数学文化重要性的认识

教 龄	非常重要	比较重要	不太重要	不重要
5年及以下	87 (78.4)	22 (19.8)	2 (1.8)	0 (0)
6-10年	92 (71.3)	36 (27.9)	1 (0.8)	0 (0)
11-15年	71 (78.0)	19 (20.9)	0 (0)	1 (1.1)
16-20年	143 (77.3)	42 (22.7)	0 (0)	0 (0)
21年及以上	227 (79.4)	58 (20.3)	0 (0)	1 (0.3)

χ^2 检验结果：$\chi^2 = 16.047, df = 12, sig = 0.189$

(2) 教师对数学课标中数学文化的了解

教 龄	非常了解	比较了解	不太了解	不了解
5年及以下	13 (11.7)	53 (47.8)	44 (39.6)	1 (0.9)
6-10年	13 (10.1)	59 (45.7)	54 (41.9)	3 (2.3)
11-15年	13 (14.3)	48 (52.7)	29 (31.9)	1 (1.1)
16-20年	23 (12.4)	112 (60.5)	48 (25.9)	2 (1.2)
21年及以上	39 (13.6)	183 (64.0)	59 (20.6)	5 (1.8)

χ^2 检验结果：$\chi^2 = 29.496, df = 12, sig = 0.003$

(3) 教师对数学教材中数学文化的了解

教　龄	非常了解	比较了解	不太了解	不了解
5 年及以下	19（17.1）	54（48.6）	37（33.4）	1（0.9）
6－10 年	18（14.0）	72（55.8）	36（27.9）	3（2.3）
11－15 年	23（25.3）	47（51.6）	21（23.1）	0（0）
16－20 年	45（24.3）	111（60.0）	29（15.7）	0（0）
21 年及以上	83（29.0）	152（53.1）	48（16.8）	3（1.1）

χ^2 检验结果：$\chi^2 = 34.263, df = 12, sig = 0.001$

(4) 教师对数学文化融入课堂教学必要性的认识

教　龄	很有必要	要，但要看实际情况	说不清楚	完全没有必要
5 年及以下	47（42.3）	64（57.7）	0（0）	0（0）
6－10 年	55（42.6）	72（55.8）	0（0）	2（1.6）
11－15 年	35（38.5）	53（58.2）	3（3.3）	0（0）
16－20 年	83（44.9）	100（54.1）	2（1.0）	0（0）
21 年及以上	143（50.0）	136（47.6）	5（1.7）	2（0.7）

χ^2 检验结果：$\chi^2 = 17.217, df = 12, sig = 0.142$

(5) 教师对数学文化为背景编制试卷的看法

教　龄	非常有意义	比较有意义	不太有意义	没有意义
5 年及以下	42（37.8）	49（44.2）	18（16.2）	2（1.8）
6－10 年	41（31.8）	73（56.6）	13（10.0）	2（1.6）
11－15 年	33（36.3）	49（53.8）	9（9.9）	0（0）
16－20 年	72（38.9）	93（50.3）	17（9.2）	3（1.6）
21 年及以上	109（38.1）	141（49.3）	33（11.5）	3（1.1）

χ^2 检验结果：$\chi^2 = 8.653, df = 12, sig = 0.732$

(6) 教师对数学美的认识

教　龄	非常赞同	比较赞同	不太赞同	不赞同
5年及以下	43（38.7）	58（52.3）	9（8.1）	1（0.9）
6–10年	53（41.1）	61（47.3）	13（10.1）	2（1.5）
11–15年	30（33.0）	47（51.6）	10（11.0）	4（4.4）
16–20年	71（38.3）	83（44.9）	29（15.7）	2（1.1）
21年及以上	134（46.9）	122（42.7）	29（10.1）	1（0.3）

χ^2 检验结果：$\chi^2 = 20.578, df = 12, sig = 0.057$

5. 学历差异

由于高中及中师学历教师人数较少，而且没有研究生学历的教师，在做不同学历教师差异性比较时，将教师分为专科及以下和本科两类。从表4–11中可以看出，不同学历教师对数学文化的认识无显著性差异（P<0.05）。

表4–11　小学数学教师对数学文化认识的学历差异

(1) 教师对数学文化重要性的认识

学　历	非常重要	比较重要	不太重要	不重要
专科及以下	265（78.4）	71（21.0）	1（0.3）	1（0.3）
本科	355（76.6）	106（22.8）	2（0.4）	1（0.2）

χ^2 检验结果：$\chi^2 = 0.536, df = 3, sig = 0.911$

(2) 教师对数学课标中数学文化的了解

学　历	非常了解	比较了解	不太了解	不了解
专科及以下	45（13.3）	198（58.6）	90（26.6）	5（1.5）
本科	56（12.1）	257（55.4）	144（31.0）	7（1.5）

χ^2 检验结果：$\chi^2 = 1.895, df = 3, sig = 0.595$

(3) 教师对数学教材中数学文化的了解

学　历	非常了解	比较了解	不太了解	不了解
专科及以下	86（25.4）	189（55.9）	59（17.5）	4（1.2）
本科	102（22.1）	247（53.2）	112（24.1）	3（0.6）

χ^2 检验结果：$\chi^2 = 6.000, df = 3, sig = 0.112$

(4) 教师对数学文化融入课堂教学必要性的认识

学　历	很有必要	要，但要看实际情况	说不清楚	完全没有必要
专科及以下	152（45.0）	180（53.3）	5（1.5）	1（0.2）
本科	211（45.5）	245（52.8）	5（1.1）	3（0.6）

χ^2 检验结果：$\chi^2 = 0.754, df = 3, sig = 0.860$

(5) 教师对数学文化为背景编制试卷的看法

学　历	非常有意义	比较有意义	不太有意义	没有意义
专科及以下	136（40.2）	167（49.4）	32（9.5）	3（0.9）
本科	161（34.7）	238（51.3）	58（12.5）	7（1.5）

χ^2 检验结果：$\chi^2 = 3.965, df = 3, sig = 0.265$

(6) 教师对数学美的认识

学　历	非常赞同	比较赞同	不太赞同	不赞同
专科及以下	145（42.9）	147（43.5）	41（12.1）	5（1.5）
本科	186（40.1）	224（48.3）	49（10.6）	5（1.0）

χ^2 检验结果：$\chi^2 = 2.025, df = 3, sig = 0.567$

6. 职称差异

从表4-12中可以看出，不同职称教师在"数学文化重要性的认识""对数学课标中数学文化的了解"和"对教材中数学文化的了解"选项上存在非常显著的差异（P<0.01），在其余选项上无显著性差异（P>0.05）。

第 4 章 民族地区小学数学教师数学文化素养调查

表 4-12 小学数学教师对数学文化认识的职称差异

(1) 教师对数学文化重要性的认识

职　称	非常重要	比较重要	不太重要	不重要
三级教师	47 (78.4)	11 (18.3)	2 (3.3)	0 (0)
二级教师	170 (75.2)	56 (24.8)	0 (0)	0 (0)
一级教师	265 (75.1)	85 (24.1)	1 (0.3)	2 (0.5)
高级教师	138 (84.7)	25 (15.3)	0 (0)	0 (0)

χ^2 检验结果：$\chi^2 = 24.752, df = 9, sig = 0.003$

(2) 教师对数学课标中数学文化的了解

职　称	非常了解	比较了解	不太了解	不了解
三级教师	5 (8.3)	31 (51.7)	24 (40.0)	0 (0)
二级教师	21 (9.3)	110 (48.7)	92 (40.7)	3 (1.3)
一级教师	51 (14.4)	214 (60.6)	83 (23.5)	5 (1.5)
高级教师	24 (14.7)	100 (61.3)	35 (21.5)	4 (2.5)

χ^2 检验结果：$\chi^2 = 30.646, df = 9, sig = 0.000$

(3) 教师对数学教材中数学文化的了解

职　称	非常了解	比较了解	不太了解	不了解
三级教师	8 (13.4)	35 (58.3)	17 (28.3)	0 (0)
二级教师	40 (17.7)	111 (49.1)	73 (32.3)	2 (0.9)
一级教师	93 (26.3)	201 (56.9)	56 (15.9)	3 (0.9)
高级教师	47 (28.8)	89 (54.6)	25 (15.3)	2 (1.3)

χ^2 检验结果：$\chi^2 = 33.429, df = 9, sig = 0.000$

(4) 教师对数学文化融入课堂教学必要性的认识

职　称	很有必要	要，但要看实际情况	说不清楚	完全没有必要
三级教师	24 (40.0)	36 (60.0)	0 (0)	0 (0)
二级教师	93 (41.2)	132 (58.4)	0 (0)	1 (0.4)

续 表

职 称	很有必要	要，但要看实际情况	说不清楚	完全没有必要
一级教师	161（45.6）	185（52.4）	6（1.7）	1（0.3）
高级教师	85（52.1）	72（44.2）	4（2.5）	2（1.2）

χ^2 检验结果：$\chi^2 = 15.577, df = 9, sig = 0.076$

（5）教师对数学文化为背景编制试卷的看法

职 称	非常有意义	比较有意义	不太有意义	没有意义
三级教师	20（33.3）	26（43.3）	13（21.7）	1（1.7）
二级教师	77（34.1）	121（53.5）	25（11.1）	3（1.3）
一级教师	140（39.7）	179（50.7）	30（8.5）	4（1.1）
高级教师	60（36.8）	79（48.5）	22（13.5）	2（1.2）

χ^2 检验结果：$\chi^2 = 11.634, df = 9, sig = 0.235$

（6）教师对数学美的认识

职 称	非常赞同	比较赞同	不太赞同	不赞同
三级教师	20（33.3）	33（55.0）	6（10.0）	1（1.7）
二级教师	92（40.7）	107（47.3）	22（9.7）	5（2.3）
一级教师	147（41.6）	159（45.0）	44（12.5）	3（0.9）
高级教师	72（44.2）	72（44.2）	18（11.0）	1（0.6）

χ^2 检验结果：$\chi^2 = 6.353, df = 9, sig = 0.704$

访谈与资料分析

在问卷调查的基础上，通过访谈进行补充和完善，以便更全面和深入了解相关信息。本次调研共对12位小学数学教师进行了访谈，主要从教师对数学文化的态度、对《数学课程标准》中数学文化的了解、数学文化对教学的影响三个方面进一步进行访谈。[1]

---

[1] 匡双林. 德宏州民族地区小学数学教师数学文化素养调查研究［D］. 昆明：云南师范大学，2018.

与教师 T1 的访谈

教师 T1 是一名男教师，教龄 16 年，是一所县城小学的领导。当提到数学文化时，他很开心，他说他很愿意探讨这个问题，并特意查阅了小学阶段有关数学文化方面的参考书籍。

访谈者：老师，您喜欢数学文化吗？为什么？

教师 T1：关于数学文化，我个人而言挺喜欢的。反思一下我们的教学，我很担心一个问题，孩子身上除了数学知识之外，那孩子身上属于数学的东西还有多少？我们边疆地区，学习数学不仅是为了考试，还有数学文化的内容，因为文化才是数学中最重要的，知识容易获取，文化可以传承。

访谈者：请问在您的教学中，会重视《数学课程标准》对教学的指导吗？

教师 T1：会的，因为《数学课程标准》对我们教学起着一个方向性的作用，我们的教材、教辅必须依托《数学课程标准》的要求来编排，不管是我们个人还是学校，都很重视《数学课程标准》对我们教学的指导，我们学校每学期都会组织《数学课程标准》的交流与解读活动。

访谈者：请问您对《数学课程标准》中有关数学文化的内容了解吗？

教师 T1：《数学课程标准》里关于数学文化方面的论述，我工作十多年来，感受最深的是有关《数学课程标准》里的情感态度与价值观目标。想想曾经作为学生的我，在学习数学时，更多的是重视数学知识和技能，但现在的《数学课程标准》要求通过教学能使学生的情感态度发生转变。记得上学期我上过一个植树问题的公开课，这节课的内容与学生的生活实际联系得非常紧密，孩子每次放学回家，两侧的路灯，行道上的树，都是植树问题，但是也很奇妙，对于我们生活中的一些事物，如大家所说，数学来源于生活，应用于生活。数学文化还提升到一种思想上，通过那次植树问题的公开课之后，学生们还意识到，原来植树问题里面还包含着一一对应的数学思想，这也提醒自己在今后的教学上，学生对于知识与技能的学习虽然重要，因为它是基础性的东西，但是关于更深层次的数学文化也要对学生进行更多的渗透。

访谈者：在数学教学中运用数学文化，老师认为对教学有什么影响？

教师 T1：对学生来说，会激发学生学习数学的兴趣，比如我教六年级的时候，有一个问题是确定运动员的起跑线，为什么大家都是 400 米，而每个运动员的起跑点不一样，有的学生想不明白，有的学生想得明白，但是不知道怎样确定每个运动员跑道上的起点，这样通过我们生活中的例子来教学，就会激发学生学习数学的兴趣。学生们会意识到，原来生活中就藏着数学思想，而这种数学思想对学生的影响，不应该是短暂的，而是长时间的，特别是教师引导学生进行探究之后，学生可能终生都会记得这个案例。对于教师来说，在教学中运用数学文化，会让教师感觉到数学课不是枯燥乏味的，尤其是对于那些从教多年产生倦怠感的教师。

与教师 T2 的访谈

教师 T2 是一名女教师，从教 24 年，在一所县城小学任教，这位教师思维活跃，思路清晰，做事干脆，喜欢自我挑战。

访谈者：请问您是怎样理解数学文化的？

教师 T2：通过个人学习和网上的一些资料，我认为数学文化主要是精神方面的，包括一些数学思想、数学方法、数学家的故事等。

访谈者：您喜欢数学文化吗？为什么？

教师 T2：个人而言，我非常喜欢，了解数学文化之后，更有利于我的课堂教学。

访谈者：请问您的教学中，会重视《数学课程标准》对教学的指导吗？

教师 T2：会的，作为教育工作者，相关教育部门和学校会要求我们老师了解《数学课程标准》里涉及的教学内容。

访谈者：请问您对《数学课程标准》中有关数学文化方面的论述了解哪些？

教师 T2：这方面我没有做详细的了解，因为之前教育部门和学校也没有提及数学文化，仅仅是靠我们教师自己看，所以关于数学文化方面的具体论述没有做细致的研究，更多的是重视数学的知识层面。对于《数学课程标准》里一些数学思想，比如集合思想、平行四边形面积的计算用到的转化思想等，我会了解一些。

访谈者：在数学教学中运用数学文化，您认为对教学有什么影响？

教师 T2：对老师来说，在教学中运用数学文化，可以扩充自己的知识面。我认为在课堂中渗透了数学文化，会激发学生的学习兴趣，提高学生学习的主动性。

与教师 T3 的访谈

教师 T3 是一名女教师，教龄 13 年，在一所县城小学教学，这位教师是一位比较沉稳的青年教师。

访谈者：请问老师最早是从哪里接触到数学文化的？

教师 T3：我最先接触到数学文化，是从数学教材中"你知道吗？"和数学的一些教参资料。

访谈者：您喜欢数学文化吗？为什么？

教师 T3：说不上特别喜欢，凡是和我们教学知识有关的，我还是会去关注和了解，至少面对学生的时候，我能说出一些基本的东西，要不然学生问起来，我什么都不知道的话，会影响为人师表的形象。

访谈者：请问在您的教学中，会重视《数学课程标准》的指导作用吗？

教师 T3：我们教学中还是会经常用到《数学课程标准》，因为我们要了解每个学段对数学知识性的要求。

访谈者：请问老师对《数学课程标准》中有关数学文化方面的论述了解哪些？

教师 T3：关于数学文化，我知道《数学课程标准》里面有，但是我很少关注。

访谈者：请问老师认为有必要在数学教学中运用数学文化吗？

教师 T3：我认为是有必要的，但是还是有很多实际困难。第一，教学时间不够，教学中运用数学文化会耽误很多时间；第二，目前教师的教学任务已经比较重，如果课后要教师去拓展数学文化方面的知识，有点担心我们的精力不足；第三，教师自身的数学文化储备量不够，很多时候不敢在学生面前讲解；第四，关于数学文化方面知识的获取渠道比较少，缺乏相关资源。

与教师 T4 的访谈

教师 T4 是一名男教师，教龄 10 年，在一所县城小学任教，这位教师给人的初步印象是为人真诚、热情。

访谈者：老师，请问您是怎样理解数学文化的？

教师 T4：我认为数学文化包括数学的思想和数学历史。

访谈者：老师，您喜欢数学文化吗？为什么？

教师T4：比较喜欢，特别是教学工作中常出现的内容，因为数学文化一方面可以帮助我们了解数学知识的背景，另一方面可以促进学生思维的发展。

访谈者：请问在老师的教学中，会重视《数学课程标准》的指导作用吗？

教师T4：还是会的，我们的教学基本上围绕《数学课程标准》的要求开展，《数学课程标准》中对每一个学段的要求，我们还是要去了解。

访谈者：请问您对《数学课程标准》中有关数学文化方面的论述了解吗？

教师T4：虽然看过，但是关于数学文化方面的具体论述不清楚，因为没有刻意留意过，只是关注过一些数学思想，比如几何直观、数形结合等。

与教师T5的访谈

教师T5是一名男教师，教龄5年，在一所县城小学任教，这位教师比较含蓄，话语较少。

访谈者：老师，请问您喜欢数学文化吗？为什么？

教师T5：不太了解，但我认为数学文化能促进学生更好地理解数学知识，数学中的一些思想、方法能够促进学生数学思维的发展。

访谈者：请问老师教学中会重视《数学课程标准》的指导作用吗？

教师T5：还是会的。

访谈者：请问老师对《数学课程标准》中有关数学文化方面的论述了解哪些？

教师T5：不怎么了解，我的理解就是贯穿在教材中的数学思想和数学方法，在教学过程中教师要对学生给予指导。

与教师T6的访谈

教师T6是一名女教师，教龄18年，在一所县城小学任教，这位教师很有亲和力，为人随和。

访谈者：老师，您喜欢数学文化吗？为什么？

教师T6：我还是比较喜欢数学文化的，因为数学文化有一脉相承的作用。

访谈者：请问在老师的教学中，会重视《数学课程标准》的指导作用吗？

教师T6：会的。

访谈者：请问老师对《数学课程标准》中有关数学文化方面的论述了解哪些？

教师 T6：《数学课程标准》中除了培养学生知识与技能之外，还要求培养学生的情感态度和价值观，比较重视数学过程的学习。

与教师 T7 的访谈

教师 T7 是一名女教师，从教 23 年，在一所乡镇小学任教，前面 12 年教自然，后面 11 年教数学，这位教师和蔼可亲，为人直爽。

访谈者：老师，您喜欢数学文化吗？为什么？

教师 T7：我很喜欢，因为一个孩子若要成长的话，不但要学习数学知识，更应该把数学文化渗透到孩子的思维里，学生好比一棵幼苗，这样才能茁壮成长，开花结果。

访谈者：请问在老师的教学中，会重视《数学课程标准》的指导作用吗？

教师 T7：会的，我们学校的校长和教研室主任经常强调《数学课程标准》的重要性，我们学校也经常组织《数学课程标准》的教研活动，比如教师的教学目标、学生的学习目标、每个阶段的具体要求都要根据《数学课程标准》来开展。

访谈者：请问老师对《数学课程标准》中有关数学文化方面的论述了解哪些？

教师 T7：了解一些数学思想吧，比如转化思想和对比思想。

访谈者：在数学教学中运用数学文化，老师认为对教学有什么影响？

教师 T7：影响肯定是有的，但是在小学阶段，如果需要我把数学文化内容应用于实际教学中，对我来说还是存在困难的。

与教师 T8 的访谈

教师 T8 是一名女教师，教龄 21 年，在一所县城小学任教，刚开始 3 年教语文和数学，之后就一直只教数学。

访谈者：请问老师是什么时候接触到"数学文化"这个概念的？

教师 T8：说实话，我是这次从你们调研中了解到的，虽然我们之前教学中有片面地了解一些相关内容，但是对数学文化这个概念并不熟悉。

访谈者：通过这次对数学文化的了解后，请问您喜欢数学文化吗？

教师 T8：应该还比较喜欢，因为在教学中，一些数学思想和数学方法是非常重要的，同时让学生在原来的知识基础上更容易接受新知识。

访谈者：请问在老师的教学中，会重视《数学课程标准》的指导作用吗？

教师 T8：我会重视的，因为每节课都有教师教学目标和学生学习目标，这些目标的制定要依据《数学课程标准》的相关要求，之后我还要根据这些目标来反思自己教学任务的完成情况。

与教师 T9 的访谈

教师 T9 是一名女教师，教龄 18 年，在一所县城小学任教，一开始教数学和语文，专门教数学大概 9 年左右。

访谈者：请问老师对数学文化了解哪些内容？

教师 T9：我对数学文化的了解是关于数学家的故事及一些数学历史。

访谈者：请问老师喜欢数学文化吗？为什么？

教师 T9：喜欢，因为数学文化有助于我们了解数学的发展史、数学家及其成就，如果把这些内容穿插在教学中，对孩子会起到激励和榜样的作用。

与教师 T10 的访谈

教师 T10 是一名女教师，教龄 7 年，在一所乡镇小学任教，一开始教语文，近几年教数学。

访谈者：老师，您认为数学文化包括哪些内容？

教师 T10：我认为数学文化包括数学知识、数学的来源等。

访谈者：老师喜欢数学文化吗？为什么？

教师 T10：喜欢，因为我个人比较喜欢数学，我现在都不想回去教语文了，我认为数学很有趣，其中数学思维灵活，给人带来成功的喜悦。

访谈者：在数学教学中运用数学文化，老师认为对教学有什么影响？

教师 T10：会帮助学生更好地生活，因为数学来源于生活，数学可以帮助我们解决生活中的问题，比如数学计算，在我们买东西的时候就有用。

访谈者：请问在老师的教学中，会重视《数学课程标准》的指导作用吗？

教师 T10：不怎么重视，只是有时会看吧，因为学校对这方面也没有什么要求，很多时候需要老师自己学习。

访谈者：请问老师对《数学课程标准》中有关数学文化方面的论述了解一些吗？

教师 T10：不了解。

与教师 T11 的访谈

教师 T11 是一名女教师，教龄 4 多年，在一所乡镇小学任教，一直在教数学。

访谈者：请问老师对数学文化了解吗？

教师 T11：了解一些，数学文化包括数学思想、数学发展史、数学教育等。

访谈者：老师喜欢数学文化吗？为什么？

教师 T11：喜欢，数学文化可以让大脑灵活，也可以了解数学方面的发展史。

访谈者：在数学教学中运用数学文化，老师认为对教学有什么影响？

教师 T11：可以促进学生对数学知识的掌握，比如在学习平行四边形或长方形的图形认识时，我会让学生观察身边物体的形状，比如教室里的门窗是长方形，这样联系生活实际，让学生很容易理解。

访谈者：请问在老师的教学中，会重视《数学课程标准》的指导吗？

教师 T11：偶尔会看吧，但对《数学课程标准》不怎么了解。

与教师 T12 的访谈

教师 T12 是一名女教师，教龄 11 年，在一所乡镇小学任教，一开始教过音乐、科学、数学等科目，现在教数学。

访谈者：老师，您认为数学文化包括什么？

教师 T12：我只了解一点的，我认为它包括生活中的数学吧。

访谈者：老师，您喜欢数学文化吗？为什么？

教师 T12：喜欢的，因为数学文化可以伴我们解决生活的问题。

访谈者：请问在老师的教学中，会重视《数学课程标准》的指导吗？

教师 T12：不怎么重视，平时看得很少。

从访谈结果可以初步分析出：

（1）民族地区小学数学教师已认识到数学文化的重要性。他们认为，数学文化可以激发学生学习数学的兴趣，让学生领会到数学内涵的思想方法。教师在教学中运用数学文化，会感觉到数学课不是枯燥乏味的。数学是一种文化，而文化的东西是可以传承的。

（2）民族地区的县城小学数学教师和乡镇小学数学教师在数学文化认识方

面存在一定差异。通过对 12 位小学数学教师的访谈了解到，多数教师对"数学文化"的理解比较片面，他们认为数学文化包括数学思想和数学方法，其中只有两位教师谈到"数学文化"还包括数学家的故事、数学的发展史。县城小学数学的教师会从情感态度与价值观、数学思想、数学方法、生活中的数学等各方面来理解数学文化，而乡镇小学数学教师关注更多的是数学知识与实际生活的联系。

（3）民族地区大多数小学数学教师对《数学课程标准》中有关数学文化方面的论述是比较了解的，但是不够全面和准确，这与他们对"数学文化"的理解比较片面有关。此外，还存在部分乡镇地区的教师，甚至在平时教学中不重视《数学课程标准》对自身教学的指导作用。

4.2 教师对数学文化知识的掌握情况调查

4.2.1 教师对数学文化知识掌握的总体情况

对民族地区小学数学教师数学文化知识各维度及总分进行统计，包括均值、标准差、极大值和极小值几个部分，结果统计见表 4-13。

表 4-13 小学数学教师数学文化知识掌握的整体情况

维　度	均　值	标准差	最大值	最小值
数学知识的产生	2.81	1.195	4	0
数学家的故事	2.73	1.328	4	0
数学的应用	1.65	1.034	4	0
数学思想与方法	2.53	1.408	4	0
总体	9.71	3.765	16	0

从表 4-13 中可以看出，总体上得分均值为 9.71，标准差为 3.765，由于问卷每个维度满分 4 分，总分 16 分，教师平均得分略高于及格分，这说明民族地区教师对数学文化知识的掌握处于中等水平。可以看出，教师对数学文化知识的

掌握并不是很好,而且得分相对分散,教师之间高低分之间差异较大。在这四个维度中,教师对数学知识的产生掌握较好,对数学的应用以及数学思想与方法的掌握很不理想。

为了进一步了解教师数学文化知识掌握的情况,统计教师在各维度具体题目得分情况见表4-14。

表4-14 小学教师数学文化知识掌握具体得分情况

维 度	题 目	M	SD
数学知识的产生	阿拉伯数字的发明	0.86	0.343
	负数的使用	0.71	0.455
	几何学的产生	0.53	0.499
	数学危机的产生	0.69	0.470
数学家的故事	勾股定理	0.57	0.495
	《几何原本》	0.77	0.424
	哥尼斯堡七桥问题	0.64	0.480
	数学皇冠上的明珠	0.73	0.444
数学的应用	斐波那契数列(兔子数列)	0.20	0.398
	莫比乌斯带	0.31	0.461
	黄金比例	0.83	0.372
	格子乘法	0.32	0.467
数学思想与方法	平行四边形面积公式推导	0.74	0.437
	割圆术	0.59	0.491
	列出数学思想和方法	1.21	0.895

从表4-14中可以看出,教师对来源于小学数学教材中的数学文化知识掌握较好,如阿拉伯数字的发明、黄金比例等,而对于数学文化知识的拓展与延伸的问题,如斐波那契数列、莫比乌斯带等则掌握不好。斐波那契数列属于基本数学文化常识,但教师们并不知道。"格子乘法"也被称为"铺地锦",是对乘法计算方法的拓展,教材中有相关内容,但没有引起教师的重视,得分较低。教师在

研读教材时，大多停留在知识表层，对教材中数学文化内容的学习不够深入和全面，且不注重对教材内容的进一步学习。

在数学思想与方法相关题目中，要求教师写出3种以上的数学思想方法，将教师列举的数学思想方法汇总，见图4-1。

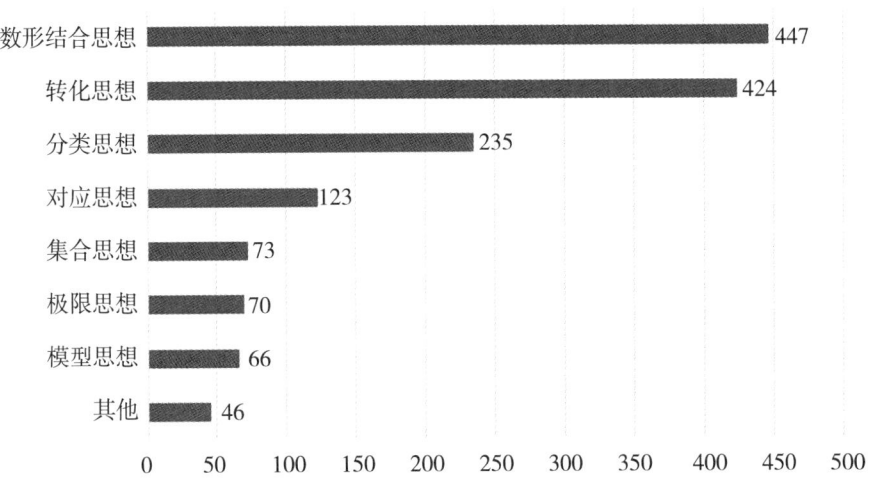

图4-1 民族地区小学数学教师写出数学思想方法的人数（单位：人）

从图4-1可以看出，教师能写出的数学思想方法并不多，也比较有局限性。列举出数形结合思想、转化思想的教师最多，均超过了人数的一半；而能写出集合思想、极限思想和模型思想的教师不足10%；除此之外，还提及了分类思想和对应思想等。

4.2.2 教师对数学文化知识掌握的性别差异分析

由表4-15可知，从总体上来看，民族地区不同性别的教师的数学文化素养存在非常显著的差异（$P<0.01$）。男教师总体得分低于女教师总体得分，女教师对数学文化知识的掌握要好于男教师。从四个维度上来看，女教师的得分均高于男教师，并且均存在显著性差异。这说明民族地区小学数学女教师相对更注重对数学文化知识的学习，自身的数学文化素养更高。

表 4-15　民族地区小学教师数学文化知识掌握性别差异

维　度	性　别	M	SD	T	P
数学知识的产生	男	2.54	1.220	-4.611	0.000
	女	2.94	1.158		
数学家的故事	男	2.43	1.302	-4.724	0.000
	女	2.88	1.315		
数学的应用	男	1.26	0.818	-2.152	0.032
	女	1.38	0.809		
数学思想与方法	男	2.68	1.550	-2.692	0.007
	女	2.98	1.502		
总体	男	8.90	3.744	-4.776	0.000
	女	10.18	3.631		

4.2.3　教师对数学文化知识掌握的民族差异分析

由表 4-16 可知，从总体上来看，汉族教师和少数民族教师在数学文化素养上存在显著性差异（$P<0.05$），汉族教师在数学文化知识的得分上高于少数民族教师。从各个维度看，汉族教师的掌握情况也均优于少数民族教师，尤其是在"数学思想与方法"这一维度上有显著性的差异（$P<0.05$），其他维度上差异不显著（$P>0.05$）。

表 4-16　民族地区小学教师数学文化知识掌握民族差异

维　度	民　族	M	SD	T	P
数学知识的产生	汉族	2.83	1.187	0.858	0.391
	少数民族	2.76	1.205		
数学家的故事	汉族	2.76	1.278	1.048	0.295
	少数民族	2.67	1.365		
数学的应用	汉族	1.39	0.774	1.673	0.095
	少数民族	1.29	0.843		

续　表

维　度	民　族	M	SD	T	P
数学思想与方法	汉族	3.02	1.455	2.542	0.011
	少数民族	2.74	1.571		
总体	汉族	10.0	3.425	2.078	0.038
	少数民族	9.46	3.934		

4.2.4　教师对数学文化知识掌握的城乡差异分析

由表4-17可知，从总体上来看县城教师和乡镇教师在数学文化素养上存在极其显著的差异（P＜0.01），县城教师数学文化知识得分明显高于乡镇教师。在四个维度的具体表现上，县城教师数学文化知识得分均高于乡镇教师，且均有显著性差异。这说明教师在数学文化知识的掌握上存在明显的地域差异。

表4-17　民族地区小学教师数学文化知识掌握城乡差异

维　度	区　域	M	SD	T	P
数学知识的产生	县城	3.00	1.077	3.406	0.001
	乡镇	2.70	1.233		
数学家的故事	县城	3.03	1.237	4.630	0.000
	乡镇	2.58	1.341		
数学的应用	县城	1.53	0.816	4.242	0.000
	乡镇	1.26	0.802		
数学思想与方法	县城	3.30	1.406	5.453	0.000
	乡镇	2.69	1.538		
总体	县城	10.86	3.231	6.163	0.000
	乡镇	9.23	3.809		

4.2.5　教师对数学文化知识掌握的教龄差异分析

对不同年龄段教师得分的均值和标准差进行统计，并进行方差分析，由表

4-18可以看出，不同教龄的教师在各维度数学文化知识的掌握上无显著差异，总体的掌握上也没有显著性的差异（P>0.05）。

表4-18 民族地区小学教师数学文化知识掌握教龄差异

维　度	5年以下	6-10年	11-15年	16-20年	21年及以上	F	P
数学知识的产生	2.61 (1.309)	2.83 (1.193)	2.76 (1.214)	2.79 (1.186)	2.85 (1.157)	0.816	0.515
数学家的故事	2.65 (1.339)	2.75 (1.341)	2.59 (1.350)	2.76 (1.281)	2.72 (1.345)	0.328	0.860
数学的应用	1.55 (1.085)	1.59 (0.872)	1.75 (1.060)	1.70 (1.030)	1.68 (1.013)	0.744	0.562
数学思想与方法	2.46 (1.482)	2.44 (1.369)	2.33 (1.499)	2.70 (1.341)	2.59 (1.380)	1.445	0.217
总体	9.27 (4.143)	9.61 (3.456)	9.43 (3.942)	9.94 (3.569)	9.84 (3.702)	0.795	0.528

4.2.6 教师对数学文化知识掌握的学历差异分析

由于高中及中师教师人数较少，而且没有研究生学历的教师，在进行不同学历教师差异性比较时，将教师分为专科及以下和本科两类。从表4-19可以看出，学历为本科的教师数学文化知识总得分高于学历为专科及以下的教师，但无显著差异（P>0.05）。就"数学思想与方法"这一维度，学历为本科的教师与学历为专科及以下的教师之间存在显著性差异（P<0.05），学历为本科的教师更注重其数学知识中所蕴含的思想与方法。

表4-19 民族地区小学教师数学文化知识掌握学历差异

维　度	学　历	M	SD	T	P
数学知识的产生	专科及以下	2.74	1.137	-0.007	0.314
	本科	2.0	1.239		

续 表

维 度	学 历	M	SD	T	P
数学家的故事	专科及以下	2.69	1.278	-0.391	0.696
	本科	2.7	1.363		
数学的应用	专科及以下	1.30	0.84	-1.099	0.272
	本科	1.36	0.79		
数学思想与方法	专科及以下	2.71	1.51	-2.380	0.018
	本科	2.97	1.52		
总体	专科及以下	9.43	3.65	-1.678	0.094
	本科	9.88	3.741		

4.2.7 教师对数学文化知识掌握的职称差异分析

对不同职称教师得分的均值和标准差进行统计,并进行方差分析,由表4-20可以得出,无论是从各维度还是总体上,不同职称的教师之间在数学文化知识的掌握上均无显著性的差异（P＞0.05）。

表4-20 民族地区小学教师数学文化知识掌握职称差异

维 度	三级教师	二级教师	一级教师	高级教师	F	P
数学知识的产生	2.90 (1.25)	2.64 (1.237)	2.86 (1.177)	2.81 (1.158)	1.768	0.152
数学家的故事	2.98 (1.066)	2.61 (1.376)	2.69 (1.339)	2.79 (1.312)	1.540	0.203
数学的应用	1.73 (1.087)	1.54 (1.012)	1.74 (1.002)	1.62 (0.989)	2.123	0.096
数学思想与方法	2.45 (1.395)	2.48 (1.431)	2.64 (1.348)	2.46 (1.467)	0.956	0.413
总体	10.07 (3.512)	9.26 (3.857)	9.93 (3.646)	9.68 (3.756)	1.681	0.170

访谈与分析资料

结合民族地区小学数学教师数学文化知识的调查,从教师对小学数学教材中数学文化的栏目、教师阅读数学文化书籍、教师自身数学文化知识储备量几个方面对教师进行访谈。

与教师 T1 的访谈

访谈者:老师,您对教材中的数学文化栏目了解哪些?

教师 T1:我了解最多的是教材中"你知道吗?"这个栏目。还有在教材导入部分,也有数学文化内容,比如在认识分数的时候,它的导入情境就是通过古代人在绳索上打结来体现分数。

访谈者:您阅读过与数学文化相关的其他书籍吗?

教师 T1:说实话,以前真的不太重视,没有刻意地从其他书籍中获取这方面的知识。

访谈者:老师,您认为自己目前的数学文化知识储备量怎么样?

教师 T1:有所欠缺,自己需要补充这方面的知识。

与教师 T2 的访谈

访谈者:老师,您对教材中的数学文化栏目了解哪些?

教师 T2:教材中最主要的数学文化栏目是"你知道吗?",其中会介绍一些数学家、数学应用等方面的知识,比如黄金分割、音乐音符等,音乐音符中有二分音符、四分音符和八分音符,主要体现它与分数的联系。

访谈者:除了教材之外,老师还会从其他书籍中获取数学文化知识吗?

教师 T2:会的,我个人比较喜欢看书,对小学阶段的一些数学书籍我平时还是蛮喜欢看的,比如小学数学中趣味性的知识题库、数学游戏、第二课堂等,从这些书籍里面,我也会学到一些数学文化知识。

访谈者:老师,您认为自己目前的数学文化知识储备量怎么样?

教师 T2:我认为自己这方面比较匮乏,因为我自己是中师毕业,没有在大学里进行系统的学习,很多时候我对数学知识的理解比较浅,像高等数学对我来说是一个盲点。如果今后对这方面数学文化重视起来,我还需要加强这方面的学习,这样才能满足教学和孩子的需要。

与教师 T3 的访谈

访谈者：老师，您对教材中的数学文化栏目了解哪些？

教师 T3：主要是"你知道吗？"，它会介绍一些数学家、数学史等。

访谈者：除了教材之外，老师还会从其他书籍中获取数学文化知识吗？

教师 T3：有是有，可能无意中会从一些参考书里看过，但是很少刻意去学习这方面的内容。

访谈者：老师，您认为自己目前的数学文化知识储备量怎么样？

教师 T3：很不够，我关注更多的是与考试知识有关的，还是注重教学知识和教法方面，但是有关数学文化中的数学思想，我在教学中还是会经常向学生讲授。

与教师 T4 的访谈

访谈者：老师，您对教材中的数学文化栏目了解哪些？

教师 T4：主要是"你知道吗？"，还有教材中的综合实践。

访谈者：除了教材之外，老师还会从其他书籍中获取数学文化知识吗？

教师 T4：几乎没有。

访谈者：老师，您认为自己目前的数学文化知识储备量怎么样？

教师 T4：这方面的储备量太少，仅局限于教材里面出现过的，对教材之外的我们很少去关注。

与教师 T5 的访谈

访谈者：老师，您对教材中的数学文化栏目了解哪些？

教师 T5："你知道吗？"，教材中一些插图里有数学家的故事，还有几何图形里有一些几何思想。

访谈者：除了教材之外，老师还会从其他书籍中获取数学文化知识吗？

教师 T5：没有。

访谈者：老师，您认为自己目前的数学文化知识储备量怎么样？

教师 T5：储备量很少，这方面我比较欠缺。

与教师 T6 的访谈

访谈者：老师，您对教材中的数学文化栏目了解哪些？

教师 T6：应该是"你知道吗？"。

访谈者：除了教材之外，老师还会从其他书籍中获取数学文化知识吗？

教师 T5：很少，因为民族学生比较多，对他们讲这些，他们也很难理解，所以我对这方面很少关注，更多是关注数学知识和技能。

访谈者：老师，您认为自己目前的数学文化知识储备量怎么样？

教师 T6：我的储备量不多，虽然在外面培训时，也看到过有些数学教师在课堂上比较注重数学文化的渗透，但自己对数学文化重视不够。

与教师 T7 的访谈

访谈者：老师，您对教材中的数学文化栏目了解哪些？

教师 T7：几何的应用，比如图形里的转换思想，问题解决中的假设思想，"你知道吗？"栏目，还有单元的综合与实践。

访谈者：老师，您认为自己目前的数学文化知识储备量怎么样？

教师 T7：在教学当中，我们对教学方法和技能学得多一些，对理论方面的学习很不够，很多时候，我们有重知识轻思想的现象。

与教师 T8 的访谈

访谈者：老师，您对教材中的数学文化栏目了解哪些？

教师 T8：每个单元的"你知道吗？"，其中介绍一些数学发展和历史名人，比如计算的演变过程，华罗庚、祖冲之、牛顿等的介绍，其中一年级相对少一些，五六级这方面的内容要多些。

访谈者：除了教材之外，老师还会从其他书籍中获取数学文化知识吗？

教师 T8：会的，我们教师里面就有图书角，图书角的书会涉及这些知识，我们老师和学生都会看的。

访谈者：老师，您认为自己目前的数学文化知识储备量怎么样？

教师 T8：我觉得自己这方面比较贫乏，比如对数学家了解不多，我在教学中涉及比较多的是数学文化中的数学方法和数学思想，今后自己在这方面还需要多学习，要不然我的学生问我数学文化方面的问题时，我可能不能给他们很好的解释。

与教师 T9 的访谈

访谈者：老师，您对教材中的数学文化栏目了解哪些？

教师T9：就了解"你知道吗？"栏目。

访谈者：老师，您认为自己目前的数学文化知识储备量怎么样？

教师T9：我的储备量很差。

与教师T10的访谈

访谈者：老师，您对教材中的数学文化栏目了解哪些？

教师T10：这方面我不太了解。

访谈者：老师，您认为自己目前的数学文化知识储备量怎么样？

教师T10：很差的，我平时只是靠生活实践、与教师交流、自己读书、网络等方面偶尔了解一点。

与教师T11的访谈

访谈者：老师，您对教材中的数学文化栏目了解哪些？

教师T11：有点了解的，比如数学家华罗庚，一些数学发展的历史。

访谈者：老师，您认为自己目前的数学文化知识储备量怎么样？

教师T11：不怎么好。

与教师T12的访谈

访谈者：老师，您对教材中的数学文化栏目了解哪些？

教师T12：比如祖冲之，圆的教学时，就跟学生们介绍这个圆周率是怎么来的，让学生们了解到这是数学家经过长时间的思考与探索发现的，希望学生们能学习数学家这种研究精神。

从访谈结果中可以初步得出：

（1）民族地区大部分小学数学教师对数学文化知识的掌握仅局限于教材内，很少有教师主动地从其他书籍中学习这方面内容。

（2）民族地区小学数学教师都认为自己目前的数学文化知识储备量很少。很多老师在大学没有学习过数学文化知识，工作后外出培训学习的机会不多，很少参与数学文化观摩活动。

（3）民族地区县城小学的教师对教材中的数学文化栏目比较了解，并且偶尔会从其他书籍中扩充自己这方面的知识量。乡镇小学的教师对教材中的数学文化仅限于"你知道吗？"栏目，获取数学文化知识的渠道不多。

4.3 教师运用数学文化知识的能力调查

关于教师运用数学文化知识的能力，问卷主要对教师在教学中运用数学文化对学生起到的作用、教师课堂运用数学文化知识的途径以及教师在运用数学文化存在的问题三个方面进行了调查，具体结果如下：

1. 教师在教学中运用数学文化对学生起到的作用

从图4-2可以看出，在被调查教师中，认可程度超过50%以上的选项有三项，即有67.5%的教师认为数学文化可以激发兴趣和成就动机，55.8%的教师认为数学文化可以帮助学生发展理性精神和创新性思维能力，50.9%的教师认为数学文化可以促进学生深刻地理解数学。认可程度低于50%的选项也有三项，有48.2%的教师认为数学文化可以揭示知识的来源和应用、47.9%的教师认为数学文化可以帮助学生形成数学观、39.0%的教师认为数学文化可以发挥数学文化的教育功能。进一步分析问卷调查结果，可以看出，教师对运用数学文化对学生起到的作用认同最高的属于情感领域，即激发兴趣和成就动机，而对数学文化发挥教育功能认同度较低。

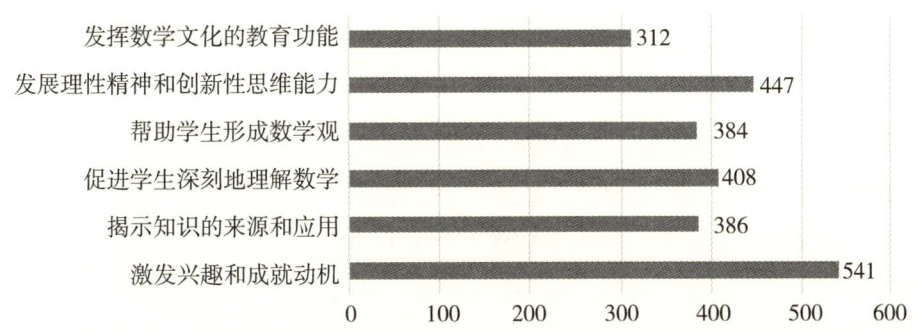

图4-2 教学中运用数学文化对学生起到的作用（单位：人）

研究进一步从性别、民族、城乡、教龄、学历、职称等方面进行卡方检验，结果发现在性别、城乡、民族、教龄和职称上，教师之间不存在显著性的差异。在学历上，教师对"运用数学文化对学生起到的作用"的看法存在着极为显著的差异（P<0.01）。χ^2 检验结果：$\chi^2 = 31.762$，df = 5，sig = 0.000。

2. 教师在课堂教学中运用数学文化的途径

此题考察教师对数学文化知识的运用情况，从图4-3各选项的统计结果看，教师运用数学文化的途径从高到低依次为：导入教学课题、展示知识背景、与教学内容结合、用于课堂结束语。从统计结果中可以初步得出，教师在教学中运用数学文化知识时，更倾向于在教学课题的导入部分，为了激起学生对该节课的学习热情。

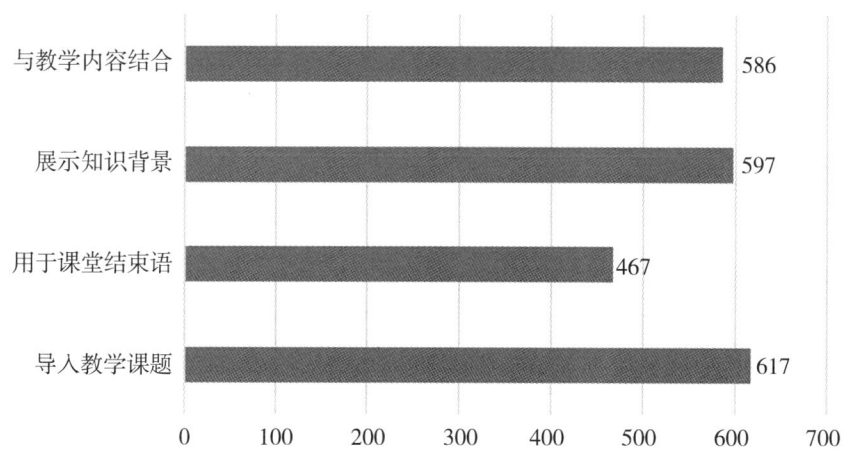

图4-3　教师运用数学文化的途径（单位：人）

研究进一步从性别、民族、城乡、教龄、学历、职称等方面进行卡方检验，结果表明，在性别、民族、城乡、教龄、学历和职称上，民族地区教师运用数学文化知识的途径均不存在显著性的差异（P>0.05）。

3. 教师在教学中运用数学文化存在的问题

从图4-4统计结果发现，民族地区教师运用数学文化存在的问题由高到低为：79.1%的教师认为是自己所掌握的数学文化知识不足，48.2%的教师认为是课堂教学时间不足，45.4%的教师认为是缺少运用数学文化知识的参考案例，40.8%的教师认为不知道如何结合教材来运用数学文化知识，37.8%的教师认为是数学文化内容是否纳入考试中，26.6%的教师认为是教学效果不好。可以看出，教师运用数学文化知识存在的最主要问题是教师自身的数学文化知识储备量不够。在教师访谈中,了解到绝大部分小学数学教师认为自己的数学文化知识储备量很弱,但是他们也希望自己今后在这方面的能力得到提高,而课堂教学时间不足,缺少运用数学文化知识的参考案例,以及不知道如何结合教材来运用数学文化知识,是目前民族地区教师应用数学文化的难题。

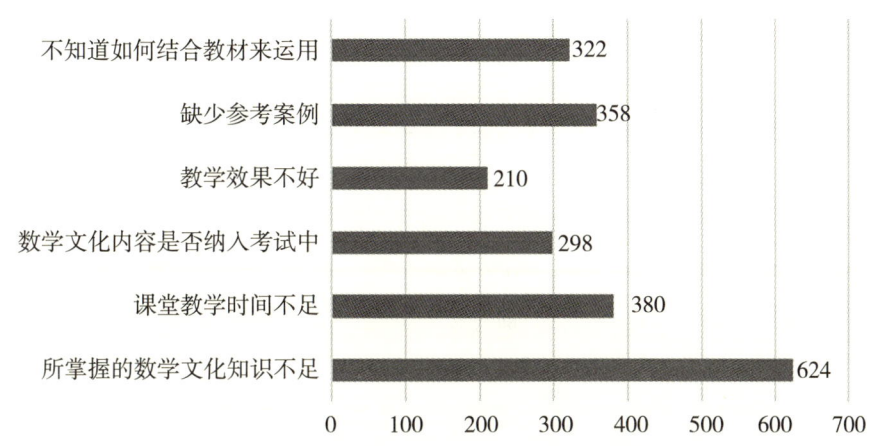

图 4-4 运用数学文化存在的问题(单位:人)

研究进一步从性别、民族、城乡、教龄、学历、职称等方面进行卡方检验,结果表明,在性别、民族、城乡、教龄、学历和职称上,民族地区教师运用数学文化存在的问题均不存在显著性的差异($P>0.05$)。

4. 开放题:教师在教学中运用数学文化的经历

本题属于开放题,旨在了解教师运用数学文化的具体教学内容。部分老师没有作答,作答的一些老师列举了自己运用数学文化的教学案例。统计结果见表 4-21:

表 4-21 教师在教学中具体运用数学文化的调查结果

运用数学文化的教学内容	人数(人)	百分比(%)
圆的周长	246	30.7
用字母表示数	102	12.7
分数的初步认识	84	10.5
小数的初步认识	65	8.1

续 表

运用数学文化的教学内容	人数（人）	百分比（％）
年、月、日	50	6.2
平移、旋转、轴对称	48	6.0
鸡兔同笼	47	5.9
其他	130	16.2
无运用经历	30	3.7

由表 4-21 可以看出，民族地区小学数学教师运用数学文化较多的教学内容为（人数由多到少）：圆的周长，用字母表示数，分数的初步认识，小数的初步认识，年、月、日，平移、旋转、轴对称和鸡兔同笼。这些具体内容主要涉及小学数学中的数与代数、图形与几何以及数学广角。

教师描述了自己运用数学文化的经历。比如：教学"数与形"时，介绍了毕达哥拉斯及其学派，拓展了三角形数、正方形数、长方形数；在讲解比的知识时，介绍了黄金分割；教学"圆"的内容时，圆周率涉及祖冲之的"周三径一"，讲解了刘徽的割圆术求圆周率的方法；在自然数和分数教学时，让学生查阅资料，了解数的产生和发展过程；学生学习大数时，向学生介绍算筹计数；在教授多位数乘法的时候，教学生使用多位数相乘的"格子乘法"。

访谈与资料分析

针对民族地区小学数学教师教学中运用数学文化存在的问题，对教师如何处理数学教材中的数学文化、教学中如何渗透数学思想方法进行访谈。

与教师 T1 的访谈

访谈者：老师，您对教材中数学文化知识是怎样处理的呢？

教师 T1：说来挺惭愧的，以前我真不重视，我一般让学生读一读，比如生活中的数学，我就跟学生说，数学与我们生活还是有联系的吧，这样就结束了。后面也想了一下，事实上，"你知道吗？"和"生活中的数学"栏目才是数学文化的延伸。

访谈者：老师，在您的执教过程中，您会有意识地渗透数学思想和方法吗？

教师 T1：会的，很多时候我会向学生渗透一些数学思想和方法。

访谈者：您能举例说明吗？

教师 T1：比如烙饼和沏茶中蕴含的统筹思想和最优化思想，还有打电话，有些老师和同学认为它的实际操作性不大，觉得教材中应该把这节内容删除，他们认为现在有通信设备，不管多少人，通过群发信息就可以解决了。我当时在想，对于这个问题还是要理性的思考，这节内容不仅是教学生如何打电话，而且要学生意识到要想在最短的时间内完成任务，就要人人参与，引导学生在生活当中遇到类似的情况时，懂得团结和合作，比如上完体育课后，如何快速地收好体育器材。

与教师 T2 的访谈

访谈者：老师，您对教材中数学文化知识是怎样处理的呢？

教师 T2：我要根据教学内容来做具体安排。有些内容适合在导入部分，比如跟孩子们讲一个数学故事，或者能激发孩子们疑点和思考的数学事件，让孩子们对这节学习内容产生好奇，激发孩子们的学习兴趣，增加孩子们参与学习的主动性。有些内容适合在课后，这样可以让孩子们提前去了解相关资料，第二天以演说的形式让孩子们自己来介绍，这样他们就有一个内化的过程，如果孩子们不懂的地方，我会进行补充。

访谈者：老师，在您的执教过程中，您会有意识地渗透数学思想和方法吗？

教师 T2：这个是肯定的。

访谈者：您能举例说明吗？

教师 T2：比如统筹法、化繁为简法、优化思想等，如果家里来客人了，要在最短的时间里帮客人沏茶，对于这种情况，孩子们可能有不同的答案，这时，老师就要跟孩子们渗透最优化思想。在数学计算中，对于有些算式如果按照先后顺序来算的话，可能比较麻烦，但是运用运算定律来计算就显得比较简单，这就是数学中的化繁为简法。在平行四边形面积计算公式推导过程中，把平行四边形面积的计算，转化成孩子们学过的长方形面积计算，这样孩子们就很容易理解和掌握，这就是转化思想的渗透。

与教师 T3 的访谈

访谈者：老师，您对教材中数学文化知识是怎样处理的呢？

教师T3：在备课的时候，自己先研究这方面的内容，尽量让自己比书上的知识掌握得更多一些，然后在课堂上会让学生们先阅读，教师再进行适当的拓展，或者我会让孩子们自己先去了解这方面的知识，第二天让孩子们自己来讲。

访谈者：老师，在您的执教过程中，您会有意识地渗透数学思想和方法吗？

教师T3：会的，一些数学思想和方法可以帮我们解决生活中的实际问题，使一些复杂问题简单化。

访谈者：您能举例说明吗？

教师T3：比如求图形面积时，我就会向学生们渗透转化思想，告诉学生们如果知道长方形的面积计算公式时，就可以推导出很多图形的面积计算，并让学生在学习中学会把一些新知识转换成学过的知识来理解。

与教师T4的访谈

访谈者：老师，您对教材中数学文化知识是怎样处理的呢？

教师T4：对于一些数学知识背景和数学家的介绍，我只是让学生读一读，如果是一些数学知识点的话，我会带着学生们在课堂上一起学习。

访谈者：可以请老师给我们举一个实例吗？

教师T4：比如这学期学习的数字黑洞，当时很多学生看了这个知识点之后觉得看不懂，但是又觉得很有趣，像这种情况，我会在课堂上带着他们亲自验证。

与教师T5的访谈

访谈者：老师，您对教材中数学文化知识是怎样处理的呢？

教师T5：对于教材中的"你知道吗？"栏目，我就会让学生读一读，我再加以讲解说明，如果知识点涉及某位数学家的话，我就会跟学生们介绍一下这位数学家的故事，比如阿拉伯数字的演变历史，学分数的时候，跟学生们介绍分数线的由来。

访谈者：老师，在您的执教过程中，您会有意识地渗透数学思想和方法吗？

教师T5：这个会的。

访谈者：您能举例说明吗？

教师T5：比如在平行四边形、三角形和梯形面积计算的时候，我就会跟学生们渗透转化思想，把这些图形转化成我们学过的长方形。

与教师 T6 的访谈

访谈者：老师，您对教材中数学文化知识是怎样处理的呢？

教师 T6：不太把它当回事，很不重视，比如教材中"你知道吗？"这个栏目，一般是教学任务完成之后，最多领着学生们读一读，但是对其背后蕴含的道理就不会去剖析了。

访谈者：老师，在您的执教过程中，您会有意识地渗透数学思想和方法吗？

教师 T6：渗透得比较少，因为当地少数民族的学生比较多，跟他们讲这些，学生们很不容易理解，再加上我们教师自身的数学文化储备量不多，因为我们中师毕业以后就参加工作了，当时学习条件不成熟，很多时候只是重视数学知识和技能的训练。虽然我们现在去外面参加培训时，会发现很多老师比较重视数学思想和方法的渗透，但是对我们来说，目前还是薄弱点。

与教师 T7 的访谈

访谈者：老师，您对教材中数学文化知识是怎样处理的呢？

教师 T7：比如对教材中"你知道吗？"这个内容，我多数情况下是要学生读一读，在课件上我有时也会穿插少量这样的知识。

访谈者：老师，在您的执教过程中，您会有意识地渗透数学思想和方法吗？

教师 T7：这个肯定有。

访谈者：您能举例说明吗？

教师 T7：比如转换思想，本来我们学过长方形的面积，那我们学习平行四边形和圆的面积时，我们可以通过剪切拼凑法把它们转换成学过的长方形，还有工程问题中用到的假设法，假设一条公路是 18 米的时候，大家进行计算，再假设这条公路是 30 米呢？大家再算一算，最后我假设这条公路的长度是单位 1，大家再进行计算，通过不断地假设，学生们就会发现，把公路的长度看成单位 1 时，计算是最简便的。在鸡兔同笼问题中也用到了假设法，假设全部是鸡脚会是怎样的情况，假设全部是兔脚又会是怎样的情况。

与教师 T8 的访谈

访谈者：老师，您对教材中数学文化知识是怎样处理的呢？

教师 T8：我自己先了解下，看数学文化知识起到一个什么作用，如果对学生影响较大的话，我会下载一些资料，在上课时跟学生讲解，有时也会让学生自己在家学习。

访谈者：老师，您在课堂教学中会教给学生数学思想方法吗？

教师T8：有时候会的。

访谈者：您能举例说明吗？

教师T8：比如学习了加法的交换律和结合律之后，到乘法时，我就会用知识迁移法，让学生很容易理解乘法的交换律和结合律。把圆剪拼成一个长方形时，圆柱剪拼成一个长方体时，我会向学生们渗透转换思想。

与教师T9的访谈

访谈者：老师，您对教材中数学文化知识是怎样处理的呢？

教师T9：这要看数学文化知识在教学中的作用吧，如果涉及教学里必须要用到的，我会进行讲解，比如互质数，这个内容虽然在"你知道吗？"栏目，但是互质数对约分起着一定作用，所以我必须对其进行讲解。如果对教学不是很重要的话，比如仅是对数学历史的了解，我会让学生们读一读，然后让学生们说一说，读了之后了解了什么。

访谈者：老师，在您的执教过程中，您会有意识地渗透数学思想和方法吗？

教师T9：这个是一定要做的事情。

访谈者：您能举例说明吗？

教师T9：比如数形结合，在教材中数学广角里进行了专门的研究，数形结合把一些难的问题通过画图，让孩子们能够直观了解。此外，还有集合思想、巧算等。

与教师T10的访谈

访谈者：老师，您对教材中数学文化知识是怎样处理的呢？

教师T10：结合生活中的实例去跟学生讲解。

访谈者：老师，在您的执教过程中，您会有意识地渗透数学思想和方法吗？

教师T10：有的呀。

访谈者：您能举例说明吗？

教师T10：我在跟学生们介绍平行四边形的不稳定性和三角形的稳定性时，我会跟学生们举生活中的实例，比如银行前面的缩拉门，它就是平行四边形不稳定性的体现，这样操作方便，收缩自如，这是平行四边形的优点；三角形的特点稳定，比如高处的通信铁架台，它是由很多三角形构成，因为三角形很稳定，这是三角形的优点。

与教师 T11 的访谈

访谈者：老师，您对教材中数学文化知识是怎样处理的呢？

教师 T11：比如教低年级学习一位数的加减法时，我会模拟公交车乘客在站台上下车的情境，用生活中的实例进行教学。

访谈者：老师，在您的执教过程中，您会有意识地渗透数学思想和方法吗？

教师 T11：有呀。

访谈者：您能举例说明吗？

教师 T11：比如学习轴对称图形时，我会向学生们举生活中实物，比如人就是活生生的教具。

与教师 T12 的访谈

访谈者：老师，您对教材中数学文化知识是怎样处理的呢？

教师 T12：对于一些数学家的故事，我会让学生们读一读。如果是游戏的话，有时我会带着学生们玩一玩，比如学做风车、玩七巧板等，这些有相关教具，所以我会带着学生们玩。

访谈者：老师，在您的执教过程中，您会有意识地渗透数学思想和方法吗？

教师 T12：有的。

访谈者：您能举例说明吗？

教师 T12：上到几何图形时，我会向大家列举生活中的实物，比如教室里的门和窗子都是长方形；在学习圆时，我会跟学生们展示黑板上面的闹钟，还有我们吃的月饼和月亮等；还有学习轴对称图形时，我会跟学生们列举衣服上的图案和生活中的剪刀等。

从访谈中了解到民族地区小学数学教师运用数学文化教学的能力，结果如下：

（1）民族地区的小学数学教师基本上对教材中的数学文化栏目"你知道吗？"有所了解，但是教师在教学中对该栏目的处理方式存在差异。部分教师会依据这栏目的知识类型进行有区分的教学，比如对一些数学史、数学家的故事等，则会让学生读一读，或者要学生在家自己了解，然后在课堂上发言讨论；对一些影响学生知识学习的内容，则会进行课堂教学。但大部分老师对"你知道吗？"栏目不很重视，在教学任务完成后，最多让学生们读一读。还有部分教师自己都不了解教材中的"你知道吗？"栏目的内容，对此重视不够。

（2）民族地区小学数学教师大多在课堂上都会渗透数学思想和方法。由于教学本身的需要，教师教学中渗透数学思想方法有助于学生对知识的理解。很多教师都有在课堂教学中渗透数学思想方法的经历，能够列举相关的教学案例。访谈结果表明，教师对数学思想方法的教学比较重视。

4.4 结论与建议

4.4.1 结　论

通过对教师数学文化认识、数学文化知识和数学文化运用的调查，本研究得到如下结论：

1. 民族地区小学数学教师数学文化认识的情况

（1）民族地区小学数学教师已经认识到数学文化的重要性，认为有必要将数学文化融入课堂教学中，对以数学文化为背景编制试题也持积极肯定的态度，同时比较认可数学的价值。

统计结果表明，民族地区小学数学教师认识到数学文化的重要性，主要体现在以下几个方面：第一，数学文化对学生的影响是长期的，而不是短暂的；第二，数学文化能激发学生的学习兴趣，减少教师对教学工作的倦怠；第三，数学文化联系生活实际，有助于解决生活中的实际问题；第四，教师热爱数学，通过数学文化的学习能提升自身素养。总体看来，民族地区小学数学教师认可数学文化融入小学数学教学。

（2）民族地区小学数学教师大部分对《数学课程课标》以及教材中相关的数学文化内容有一定的了解，但部分教师认识有所欠缺。

教师调查问卷的数据分析表明，大部分教师对《数学课程标准》和教材中数学文化方面的内容是比较了解的。通过访谈进一步发现，教师对《数学课程标准》中有关数学文化的理解不够全面和准确，部分乡镇地区的教师，不重视《数学课程标准》中的数学文化内容。教材中有关数学文化的内容，教师的了解程度也不够，这在数学文化知识的掌握及运用中也有所体现。这说明民族地区教师在研读《数学课程标准》和教材时还存在一定的问题。

（3）民族地区教师对数学文化认识的某些方面，在民族、城乡、教龄和职称上，存在着显著性的差异，而在性别和学历方面均没有显著性差异。

通过调查发现，少数民族教师和汉族教师在"对把数学文化融入课堂教学中必要性的认识"上存在显著差异；城乡教师在"对数学课标中数学文化的了解""对教材中数学文化的了解"和"对数学文化欣赏价值的认识"上存在显著差异，县城教师更了解数学课标和教材中的数学文化，乡镇教师更赞同数学欣赏价值；不同教龄教师在"对数学课标中数学文化的了解"和"对教材中数学文化的了解"上存在显著差异，教龄大的教师相对更加了解数学课标和教材中的数学文化；不同职称教师在"数学文化重要性的认识""对数学课标中数学文化的了解"和"对教材中数学文化的了解"上存在显著差异，主要表现为高级教师在重要性的认识、对数学课标和教材中数学文化的了解上都要优于其余教师。这说明无论是环境因素，还是自身的原因都对教师认识数学文化有一定的影响。另外，民族地区教师对数学文化认识不受性别和学历的影响。

2. 民族地区小学数学教师数学文化知识掌握的情况

（1）民族地区小学数学教师的数学文化知识整体处于中等水平。

从测试得分来看，教师总平均分为 9.71 分，得分略高于问卷的及格分 9.6 分。这表明民族地区小学数学教师对数学文化知识的掌握还需进一步提升。研究对教师数学文化知识来源进行了统计，发现教师主动从书籍、杂志以及网络中学习数学文化的占比都比较高，但是通过大学学习以及培训了解的占比相对较低。说明民族地区教师了解数学文化知识有较为积极的主动性，但当前高校在进行教师培养以及教师入职后的在职培训上还存在一些不足。从数学文化知识调查的四个维度分析，教师对数学知识的由来与发展掌握得最好，对数学的应用以及数学思想与方法的掌握不太好，民族地区教师需要有意识地了解数学的应用以及数学思想与方法有关的数学文化知识。

（2）民族地区小学数学教师的数学文化知识在民族、性别、城乡等方面存在显著性差异。

民族地区不同民族、不同性别、不同区域的小学数学教师对数学文化知识的掌握均存在显著性差异。女教师相比男教师对数学文化知识的掌握更好，说明女教师比男教师更加注重数学文化知识的学习。总体上来看，汉族教师对数学文化知识的掌握要好于少数民族教师。从教师数学文化知识来源了解到更多的汉族教师会通过书籍、杂志以及网络的方式来主动获取数学文化知识，也就是说汉族教师学习数学文化更为积极主动。县城教师对数学文化知识的掌握明显好于乡镇教师，这可能与城乡教育发展不均衡有关。城乡教育发展不均衡是既成的现实问题，由于种种原因城区教育发展早，教育教学资源也相对完善，乡镇教育的环境与之相比较薄弱。县城的教师所处的大环境，为其学习和运用数学文化知识提供了有力的支持。相比之下，民族地区的乡镇学校尤其是较为闭塞的山区，很大程度上限制了教师自身专业发展。教师数学文化知识的来源也进一步解释了该结论，县城教师相比于乡镇教师会更多地通过不同途径学习到数学文化知识。不管是曾经在校学习数学文化知识的经历，还是参与培训或讲座习得数学文化知识的机会，县城教师的情况都要好于乡镇教师。

（3）民族地区小学数学教师的数学文化知识在教龄、学历、职称等方面不存在显著性差异。

问卷调查结果显示，民族地区不同教龄、不同学历、不同职称的教师在数学文化知识的掌握上均不存在显著性的差异。近年来，根据职称改革的相关规定，民族地区部分小学数学教师已经晋升高级职称。不过，教师的学历普遍不高，教龄偏大。总体来说，民族地区小学数学教师是数学文化知识不足，没有更多受到教龄、学历、职称的影响。

3. 民族地区小学数学教师运用数学文化教学的情况

（1）教师在教学中运用数学文化，最重要的作用是可以激发学生兴趣和成就动机，帮助学生发展理性精神和创新性思维能力，促进学生深刻地理解数学。

分析问卷调查结果，可以看出，关于运用数学文化对学生起到的作用，教师对运用数学文化对学生起到的作用认同最高的属于情感领域，即激发兴趣和成就动机，而对数学文化发挥教育功能认同度较低。进一步从性别、民族、城乡、教龄、学历、职称等方面进行卡方检验，结果发现在性别、城乡、民族、教龄和职称上，教师之间不存在显著性的差异，仅在学历上，教师的看法存在着极为显著的差异。学历为专科及以下的教师总体上更加认同数学文化能激发学生兴趣和成就动机，换言之专科及以下的教师更加认可数学文化在情感领域的作用。学历为本科的教师对数学文化其他作用的选择人数比均高于专科及以下学历教师，说明学历较高的教师对数学文化的作用认识更为全面。

（2）教师在教学中运用数学文化的途径主要用于导入教学课题、展示知识背景和结合教学内容。

从统计结果可以看出，教师在教学课题导入部分、知识背景展示、与教学内容结合、课堂结束语中都运用到数学文化知识。其中教师在导入教学课题中运用数学文化知识的情况较多，在课堂结束语中运用最少。访谈中发现，教师更倾向于教学课题的导入部分。他们认为，在实际教学中，教师在内容上更倾向于运用数学思想、数学方法、数学与生活的联系等方面；在方式上，大部分教师在教学的导入部分讲述与本节课教学知识相关的一些数学史、数学家的故事等来激发学生的学习兴趣。研究进一步表明，民族地区教师运用数学文化知识的途径，在性别、民族、城乡、教龄、学历、职称等方面不存在显著性的差异。也就是说，民族地区不同背景教师运用数学文化的途径基本相似。

（3）教师运用数学文化存在的问题主要是教师认为是自己所掌握的数学文化知识不足，课堂教学时间不够，缺少运用数学文化知识的参考案例。

问卷统计结果表明，民族地区教师运用数学文化存在的问题最多的是教师自身的数学文化知识储备量不够。从访谈中了解到，造成这方面的原因主要有以下几个方面：首先，受教师自身的学习背景影响，部分教师是中师毕业后就直接从教，没有经过大学阶段对数学的系统学习；其次，教师更重视教学技能和教学方法的学习，存在重知识轻思想的现象；再次，教师认为民族学生对数学文化比较难理解，所以自己在教学中不太重视数学文化知识的积累；最后，教师学习数学文化的资源较少，很多教师不知道从哪些途径来提高自己数学文化方面的知识量。

（4）绝大部分老师都有在课堂教学中运用数学文化的经历。

通过调查可以发现，民族地区小学数学教师运用数学文化时涉及较多的教学内容为：圆的周长，用字母表示数，分数的初步认识，小数的初步认识，年、月、日，平移、旋转、轴对称和鸡兔同笼等。这些内容主要涉及小学数学中的数与代数、图形与几何和数学广角。其主要原因可能是教材中有这个内容的历史，如圆的内容教材介绍了祖冲之及其成就，教师在教学中也会给学生提及这个历史片段。而对于一些教材中没有的内容，教师可能就很难给学生介绍了。此外，教师在教学中渗透民族数学文化的经历也很少，这可能与教师运用数学文化的意识和能力有关。样本学校教师队伍中，近些年来一线教师采取了公开招聘方式，非当地少数民族居多，外来的部分教师对当地少数民族文化的了解深入程度不够，尤其是教师队伍自身数学文化底蕴不足，[①] 因此，教师在教学中融入民族数学文化并非是一件容易的事。

4.4.2 建 议

在调查研究的基础上，根据研究结论，本研究对提高小学数学教师数学文化素养提出如下建议：

1. 进一步完善少数民族基础教育政策，加强农村小学数学教师队伍建设

教育均衡发展不仅是基础教育的本质要求，也是我国社会主义发展的必然选择。2012年9月5日国务院颁布了《关于深入推进义务教育均衡发展的意见》（国发〔2012〕48号），对深入推进义务教育均衡发展提出了指导性意见，为义务教育实现更高水平、更高质量的均衡发展注入了强大动力。然而，由于民族地区经济文化发展水平的不同，民族地区小学数学教师队伍结构存在一些不合理的地方，以至于民族地区农村小学数学教师教育质量落后于其他地区。从调查对象的统计数据来看，教师的教龄21年以上的超过35%，教师的学历无一人到达硕士程度，专科及以下层次的教师超过40%。可见，民族地区小学数学教师教龄偏大，中间力量不足，学历层次偏低。本研究结果表明，民族地区小学数学教师的数学文化知识在城乡方面存在显著性差异，县城小学数学教师数学文化各个维度的得分都高于乡镇小学数学教师。可见，推进民族地区城乡教育的均衡发展，对提高农村小学数学教师数学文化素养具有重要意义。民族地区要根据当地的实

---

① 周长军，穆勒滚，赵建红，彭爱辉. 基于少数民族数学文化背景下的小学数学教学个案研究——以云南德宏傣族景颇族自治州陇川县为例 [J]. 数学教育学报，2018，27（3）：85-92.

际,结合国家的相关政策,制定符合本地区实际需要的、操作性强的政策措施,促进民族基础教育发展。[①] 教育主管部门需要关注民族地区农村教师队伍建设,采取各种民族优惠政策,通过多种途径吸引具有本科以上学历的年轻教师补充到教师队伍中去,优化教师队伍结构,特别是在较偏远的地域,需要引进优秀教师并留住这些教师。[②] 只有全面提高小学数学教师的整体素质,才能为提升农村小学数学教师的数学文化素养奠定基础。

2. 出版小学数学文化书籍,提高小学数学教师数学文化水平

俗话说:"巧妇难为无米之炊。"没有一定的数学文化知识做基础,教师很难对数学文化有比较深刻的认识,教学中也根本不可能运用数学文化。调查发现,目前民族地区教师数学文化素养存在的最大的问题就是自身数学文化知识储备不足。民族地区小学数学教师地处偏远山区,大多缺乏数学文化知识。访谈中发现,小学数学教师在大学没有系统学习过小学数学文化知识,他们主要通过书籍、杂志了解到数学文化。当前,许多数学文化相关书籍太过专业性,民族地区小学数学教师阅读起来有些晦涩难懂,而且与小学数学教学关联的内容太少,因此,教师阅读的积极性不高,这很大程度上阻碍了他们学习数学文化的兴趣。希望数学文化及数学教育方面的专家学者,能够出版与小学数学教学内容相关且适宜小学教师阅读的数学文化书籍,使教师在阅读时感到轻松,又能对教学起到指导性的作用。

3. 组建小学数学文化教师共同体,开发数学文化教学案例

教师对数学文化的运用,最终要落实在课堂上。调查发现,目前民族地区小学数学教师不知道如何结合教材来运用数学文化,缺少运用数学文化的参考案例。访谈中也发现,教师很少观摩过数学教学中渗透数学文化的公开课。缺乏植根于数学文化的教学实践,这是导致教师无法运用数学文化的重要原因。由于一线小学数学教师普遍缺乏数学文化知识,特别是数学史的知识,要开发数学文化融入小学数学教学的案例,可谓是困难重重。为此,一线教师和高校教师应加强

[①] 苏德,王淅博. 云南民族基础教育政策实施情况的调查及对策研究——以德宏州陇川县为例 [J]. 民族教育研究,2010,21 (4):5-8.

[②] 刘晓婷. H省少数民族聚居区小学教师数学教学知识的诊断与思考——基于BS县的调查分析 [J]. 民族教育研究,2017,28 (1):67-72.

合作，组建数学教育研究团队，形成小学数学文化教师共同体。高校教师挖掘数学文化素材，一线教师用于教学设计，并付诸实践。在团队中，高校教师和一线教师要充分发挥各自的优势，把教学实践与教学理论更好地结合起来，共同开发小学数学文化教学案例。① 对于成熟的案例，要实时进行推广，供教师观摩学习、借鉴参考。

4. 挖掘民族数学文化素材，传承与发扬民族数学文化

调查中发现，民族地区很多小学数学教师在课堂教学中都有运用数学文化的经历，但运用本民族数学文化的案例却很少。民族宗教文化、民族服饰、民俗风情、建筑装饰、民族语言等都是民族文化的重要载体，其中蕴含着丰富的数学文化元素。民族文化是发展中国特色社会主义的一个重要部分，传承与发展民族文化具有历史性重要意义。越是民族的，便越是世界的。继承与发扬各民族的优良传统，是丰富中国特色社会主义民族特色的根本要求，是时代的呼唤。民族地区的小学数学教师，很多是少数民族教师，他们知晓本民族文化，在教学中运用民族数学文化具有得天独厚的优势。因此，小学数学教师应该充分挖掘民族文化中的数学元素，融入课堂教学中，有助于民族数学文化元素的传承与发扬。

---

① 吴骏，李娜，管尤跃.《小学教学》（数学版）2014－2018年载文分析——基于《小学数学教与学》的视角［J］. 小学教学（数学版），2019（11）：29－32.

第5章 民族地区小学生数学文化知识调查

学生是学习的主体，将数学文化融入数学教学中是为了促进学生的发展。本章主要采用定量与定性相结合的方式，调查民族地区小学生数学文化知识的掌握情况，以及小学生数学文化知识的学习情况。

5.1 民族地区小学生数学文化知识掌握的情况调查

5.1.1 民族地区小学生数学文化知识掌握的总体情况

对民族地区小学生数学文化知识各维度及总分进行统计，包括均值、标准差、极大值和极小值几个部分，结果统计见表5-1。

表5-1 民族地区小学生数学文化知识掌握的整体情况

维度	均值	标准差	极大值	极小值
数学知识的产生	2.34	1.027	4	0
数学思想与方法	2.20	1.046	4	0
数学的应用	2.74	0.958	4	0
数学家的故事	2.23	0.969	4	0
总体	9.51	2.430	16	3

从表5-1中可以看出，总体上得分均值为9.51分，这说明民族地区学生对数学文化知识的掌握处于中等水平。从各维度来看，学生对"数学的应用"掌

握最好,"数学思想与方法"的掌握不太理想。

为了进一步了解学生数学文化知识的情况,统计各维度具体题目得分情况,见表5-2。

表5-2 民族地区小学生数学文化知识具体题目的得分情况

维　　度	题　　目	M	SD
数学知识的产生	《九章算术》的来源	0.77	0.418
	方程的由来	0.65	0.477
	古代计数方法	0.28	0.451
	阿拉伯数字的由来	0.62	0.484
数学思想与方法	整数相加的方法	0.53	0.499
	出入相补	0.43	0.495
	化曲为直	0.71	0.453
	集合思想	0.53	0.499
数学的应用	黄金分割原理	0.52	0.500
	七巧板的构成	0.66	0.474
	三角形的稳定性	0.87	0.3043
	长方体的体积	0.69	0.464
数学家的故事	数学家的故事	2.23	0.969

从表5-2中可以看出,学生对部分数学文化知识的掌握较好,如题目"三角形的稳定性""《九章算术》的来源""化曲为直的思想"得分分别为0.87、0.77、0.71。题目"古代计数方法""出入相补""黄金分割原理""集合思想"等掌握较差,得分均低于0.6。"古代计数方法"甚至低至0.28,该题有三个选项,很多学生只能说出1-2个计数法。

在数学家的故事相关题目中,问卷列举了14位小学常见的数学家供学生选择,可以多选。学生知道数学家的人数统计见图5-1。

第 5 章　民族地区小学生数学文化知识调查

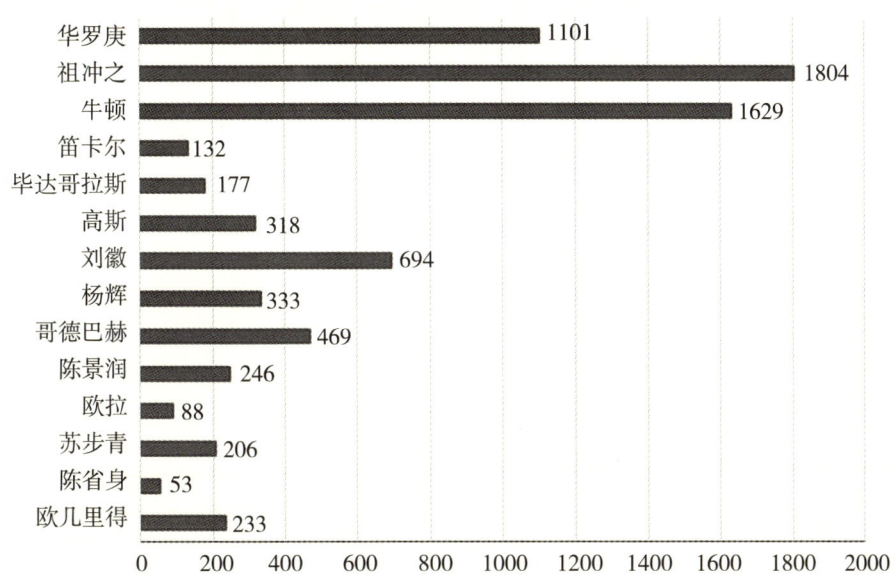

图 5-1　民族地区小学生对数学家的了解情况（单位：人）

从调查结果我们可以看出，小学生最熟悉的前四位数学家分别是：祖冲之、牛顿、华罗庚以及刘徽。有 75.9% 的学生选择了祖冲之，排在学生了解数学家的第一位。排在后四位的数学家是毕达哥拉斯、笛卡尔、欧拉以及陈省身，分别只有 7.4%、5.6%、3.7%、2.2% 的学生了解。祖冲之等排在前四名的数学家，均是数学教材中提到的数学家，教师也在课堂上给学生讲过，学生对他们接受度较高，而排在后四位的数学家来源于课外读物，学生并不熟悉。通过问卷中学生的回答情况进一步分析，发现学生熟悉的数学家不多，而且对其数学方面的贡献了解甚少、叙述不准确，例如学生出现"祖冲之发明圆周率"这样的写法，再如关于牛顿，大多数学生提到的都是其物理学科方面的贡献——万有引力，而不知道他在数学方面的贡献。

5.1.2　民族地区小学生数学文化知识掌握的性别差异

对不同性别小学生数学文化知识掌握的情况进行统计，并进行差异性检验，结果见表 5-3。

表 5-3 民族地区小学生数学文化知识掌握的性别差异

维　度	性　别	M	SD	T	P
数学知识的产生	男	2.30	1.020	-1.764	0.078
	女	2.37	1.033		
数学思想与方法	男	2.12	1.068	-3.841	0.000
	女	2.28	1.019		
数学的应用	男	2.76	0.988	0.934	0.350
	女	2.72	0.929		
数学家的故事	男	2.16	0.965	-3.582	0.000
	女	2.30	0.968		
总体	男	9.33	2.466	-3.459	0.001
	女	9.68	2.384		

由表 5-3 可知，从总体上来看民族地区不同性别的小学生的数学文化掌握存在非常显著的差异（P<0.01）。女生总体得分为 9.68 分，男生总体得分 9.33 分，女生对数学文化知识的掌握要好于男生。从四个维度上来看，除"数学的应用"外，女生在各维度的得分均高于男生，并且在"数学思想与方法"和"数学家的故事"维度上存在显著性差异。

5.1.3 民族地区小学生数学文化知识掌握的民族差异

对少数民族和汉族小学生数学文化知识掌握的情况进行统计，并进行差异性检验，见表 5-4。

表 5-4 民族地区小学生数学文化知识掌握的民族差异

维　度	民　族	M	SD	T	P
数学知识的产生	汉族	2.42	1.042	2.055	0.040
	少数民族	2.31	1.022		
数学思想与方法	汉族	2.35	1.069	3.539	0.000
	少数民族	2.16	1.036		

续　表

维　度	民　族	M	SD	T	P
数学的应用	汉族	2.75	0.962	0.226	0.821
	少数民族	2.74	0.957		
数学家的故事	汉族	2.16	1.000	-1.945	0.052
	少数民族	2.25	0.960		
总体	汉族	9.67	2.529	1.729	0.084
	少数民族	9.47	2.400		

由表 5-4 可知，从总体来看，汉族学生总体得分为 9.67 分，少数民族学生总体得分 9.47 分，汉族学生总体均值较高，汉族学生对数学文化知识的掌握要好于少数民族学生，但不存在显著差异（P>0.05）。从四个维度上来看，汉族学生在"数学知识的产生"和"数学思想与方法"的得分均高于少数民族学生，且存在显著性差异。不同民族学生在同一大背景下，教育条件相同，不同民族文化相互渗透、融合，学生数学文化学习无较大差异。

5.1.4　民族地区小学生数学文化知识掌握的区域差异

为探究民族地区学生数学文化知识掌握的区域差异，对城乡小学生数学文化知识的掌握情况进行统计分析，结果见表 5-5。

表 5-5　民族地区小学生数学文化知识掌握的城乡差异

维　度	区　域	M	SD	T	P
数学知识的产生	县城	2.60	0.998	9.477	0.000
	乡镇	2.19	1.014		
数学思想与方法	县城	2.36	0.994	5.428	0.000
	乡镇	2.12	1.064		
数学的应用	县城	2.84	0.911	3.875	0.000
	乡镇	2.68	0.978		

续　表

维　度	区　域	M	SD	T	P
数学家的故事	县城	2.20	0.993	-1.193	0.233
	乡镇	2.25	0.956		
总体	县城	10.00	2.413	7.532	0.000
	乡镇	9.24	2.398		

由表 5-5 可知，从总体上来看，县城学生数学文化知识得分为 10.00 分，乡镇学生为 9.24 分，县城学生对数学文化知识的掌握程度明显高于乡镇学生，并且存在十分显著的差异（P<0.01）。从四个维度上来看，县城学生在"数学知识的产生""数学思想与方法"和"数学的应用"的得分均高于乡镇学生，并且均存在显著性差异，但在"数学家的故事"维度中，乡镇学生得分高于县城学生，不存在显著性差异（P>0.05）。

访谈与资料分析

为进一步了解民族地区小学生数学文化知识的掌握情况，在调查问卷的基础上，围绕数学知识的产生、数学思想与方法、数学的应用以及数学家的故事四个方面，对部分学生进行了访谈。①

学生 S1、S6、S8、S15 是来自县城的 4 名男生，S5、S10、S12 是来自县城的 3 名女生，S2、S4、S11、S14 是来自乡镇的 4 名男生，S3、S7、S9、S13 是来自乡镇的 4 名女生。

访谈者：你知道什么是平年、闰年吗？

S1：平年一年有 365 天，闰年有 366 天。

S2：闰年 2 月有 29 天，比平年多一天。

S3：知道，但是我有点分不清楚。

S4：知道的，闰年比平年多一天。

S5：平年 2 月有 28 天，闰年 2 月有 29 天。

---

① 武斌. 云南民族地区小学生数学文化素养调查研究 [D]. 昆明：云南师范大学，2019.

S6：闰年比平年多一天。

S7：有点混淆，不太了解。

S8：年份除以4，能整除的就是闰年，每四年中三年是平年，一年是闰年。

S9：平年一年有365天，闰年有366天。

S10：闰年比平年多一天。

S11：闰年一年有366天，平年有365天。

S12：知道，平年就是普通的年份，比平年多一天的就是闰年，闰年年份是四的倍数。

S13：平年一年有365天，闰年有366天。

S14：平年是365天，每四年中有三年是平年，而闰年比平年多一天是366天。

S15："四年一闰"说的就是每四年有一年是闰年，用是否能被4整除来判断。

访谈者：你是怎么求出从1到100的自然数的和的？

S1：先把$10+20+30+\cdots+100$相加，再把其他数加起来。

S2：直接加起来。

S3：老师介绍过一种简便算法，但我不记得了。

S4：整10的先加，再用个位凑整10加起来。

S5：用高斯的方法，$1+100$，$2+99$，$\cdots$，$50+51$，共有$50\times101=5050$。

S6：一个数学家提出过用$50\times101=5050$。

S7：一个一个的加起来。

S8：先把整10的相加，即$10+20+30+\cdots+100$，再凑整10，比如$1+9$，$11+9$这样凑整加起来。

S9：先把$10+20+30+\cdots+100$相加，再把其他数加起来。

S10：奇数和偶数分别相加，再求和。

S11：直接相加。

S12：我会用$1+99$，$2+98$，$\cdots$，$49+51$，100，一共50个100，再加上50。

S13：$1+100$，$2+99$，最后用$50\times101=5050$，是高斯小时候提出来的。

S14：我记得高斯提出过简便计算的方法，但是我有点记不清了。

S15：我会用1+99，2+98，…，+100，一共50个100，再加上50。

访谈者：你认为数学的应用体现在哪些方面？

S1：我认为学习数学可以在现实生活中广泛用到，例如在市场上买东西要用数学，在盖房子时候要计算比例，要运用三角形的稳定性，数学与我们生活形影不离。

S2：数学非常接近生活，不管走到哪里都有数学知识。如果没有学好数学，你买个东西都不会算，所以要学好数学知识，在数学知识中还有很多奥秘等着我们去探索和研究呢。

S3：数学在日常生活中有很大帮助。

S4：数学有利于培养人的思维并且能够在生活中进行运算，学好数学可以考上著名的理科大学。

S5：数学可以帮助解决日常生活的许多问题，学好数学还可以为以后学各种理科打下基础，进而才能在这个信息技术时代立足。

S6：数学能提高我们学习其他知识的能力，开拓我们的眼界，让我们能在数学的海洋里遨游，看到世界上原来还有这么多奇妙的事。

S7：我认为数学可以充分锻炼我们的大脑，使我们越来越爱动脑筋。

S8：数学能运用在日常生活中，还可以制造出各种能造福人类的东西。

S9：数学可以提高人们的思维能力，使人们解决生活中的事情更有理有据。

S10：数学方便我们生活，还是各种专业人士的工具，如天文学家计算天体大小、建筑学家设计房屋等。

S11：我认为数学可以让我们扩展思维，对于生活中的一些问题能更好地解决，同时也可以让生活充满乐趣。

S12：数学不仅能增长知识，还能开阔我们的学习视野，而且数学离我们的生活很近，所以我们必须要学好数学。

S13：数学可以使人更加细心，更加聪慧，有时候因为一厘米的失误一座大楼就会倒塌。数学在生活中的应用很多，它使我们的生活更加便利，学习数学是有趣的，它可以让我们感受到奇妙的数学美。

S14：学习数学可以对自己以后从事的工作有帮助，比如金融、股票等方面都要数学知识。

S15：许多数学问题都源于生活，所以数学与生活息息相关，学好数学就可以方便生活。

访谈者：你最了解哪一位数学家？你是通过什么途径了解这个数学家的？

S1：祖冲之，学习圆周率时候老师讲的。

S2：牛顿，在书上看到的。

S3：祖冲之，老师讲的。

S4：欧几里得，他写了《几何原本》，我在课外书上看到的。

S5：高斯，他是数学王子，我在课外书上看到的。

S6：牛顿，他发现地心引力。

S7：祖冲之，老师讲的。

S8：祖冲之，老师讲课时候提到过，课本上也有介绍。

S9：牛顿，我在课外书上看到的。

S10：我不太了解有哪些数学家，在科学课上我了解到牛顿发现了地心引力。

S11：祖冲之，是我们最近刚学的。

S12：牛顿，我在课本上看到的。

S13：祖冲之，老师讲圆的时候讲的。

S14：祖冲之，老师会介绍一些。

S15：华罗庚，他是"中国现代数学之父"，我在课外书上看到的。

访谈者：老师会给你们介绍数学家的故事或者数学发展的历史吗？

S1：会介绍一些数学家的故事。

S2：偶尔会在课堂上介绍。

S3：很少介绍，有时候让我们自己看。

S4：偶尔会介绍，讲圆的知识时介绍了祖冲之。

S5：有时候会。

S6：很少介绍，如果课堂时间充裕，会让我们自己阅读。

S7：有时候会在课堂上介绍，有时候让我们课下自学。

S8：有时候会介绍一点。

S9：偶尔会介绍的。

S10：老师有时候会用电子白板给我们展示。

S11：很少会介绍，有时候让我们齐读课本里的内容。

S12：偶尔会介绍，大多数时候我们自己去了解。

S13：有时候会介绍一些。

S14：偶尔会介绍。

S15：有时候会介绍一些与所学内容相关的知识。

从访谈结果可以看出：

（1）在"数学知识的产生"方面，以平年、闰年为例对学生进行访谈，结果表明，学生对数学文化知识的掌握更偏向于呈现的结果，而对于知识的起源并不是很清楚；

（2）在"数学思想与方法"方面，以高斯的自然数求和为例进行访谈，大多数学生在解决问题时，都具备了一定的数学思想与方法；

（3）在"数学的应用"方面，大多数学生更多关注到了数学与现实生活的联系，了解到数学的实用性价值，会运用数学解决生活问题，认识到数学可以锻炼思维、有助于升学考试等；

（4）在"数学家的故事"方面，大多数学生都是通过教材学习以及老师的介绍来了解的，课外阅读不多，很少从课堂之外了解数学家的故事。

5.2 民族地区小学生数学文化学习情况的调查

5.2.1 民族地区小学生数学文化学习情况的总体分析

1. 学生对数学文化的了解情况

从表 5-6 中可以看出，民族地区只有 56% 的小学生了解数学文化，还有相当一部分学生不太了解数学文化。

表 5-6 学生对数学文化的了解情况

人数及占比	非常了解	比较了解	不太了解	不了解
人数（人）	145	1187	962	83
百分比（%）	6.1	49.9	40.5	3.5

2. 学生对数学美的欣赏

由表5-7可知，认为数学具备欣赏价值的学生占比为74.7%，说明民族地区大多数学生都认为数学像文学、绘画、音乐那样具备欣赏价值，但仍存在25.3%的学生不太能欣赏数学美。

表5-7 学生对数学美的欣赏

人数及占比	完全赞同	比较赞同	不太赞同	不赞同
人数（人）	741	1034	407	195
百分比（%）	31.2	43.5	17.1	8.2

3. 数学文化对数学学习的价值

数学文化对学生数学学习的价值主要从数学文化对学生学习数学产生的作用以及对学生数学学习效果的影响两方面进行调查。

（1）数学文化对学生学习数学的作用。

由表5-8可知，47.4%的学生认为学习数学文化的相关内容对学习数学作用很大，49%的学生认为学习数学文化相关内容对学习数学这一学科有帮助，因此，几乎所有的学生都认为学习数学文化知识有利于数学学习，这可以看出民族地区学生普遍认为数学文化对数学学习有积极的作用。

表5-8 数学文化对学生数学学习的作用

人数及占比	大大促进了数学学习	对数学学习略有帮助	没有起到任何作用	起阻碍作用
人数（人）	1126	1164	64	23
百分比（%）	47.4	49.0	2.6	1.0

（2）数学文化对学生数学学习产生的效果。

从表5-9的调查结果看出，90%左右的学生认为数学文化对自己数学学习产生了积极的影响效果，只有10%左右的学生认为数学文化没有改变自己数学学习的效果。也就是说，绝大多数学生都肯定了数学文化对数学学习产生了正面影响。

表 5-9　数学文化对学生数学学习产生的效果

人数及占比	更加热爱数学	感到数学有趣味	没有变化	对数学不感兴趣了
人数（人）	713	1398	242	24
百分比（%）	30.0	58.8	10.2	1.0

4. 数学文化对情感培养的价值

从表 5-10 的调查结果看出，95.6%的学生认为数学文化对培养兴趣、情感和意志非常有益，只有 4.4%的学生认为数学文化对培养学生情感没有影响。

表 5-10　数学文化对情感培养的价值

人数及占比	非常有利于培养	比较有利于培养	不利于培养	阻碍培养
人数（人）	871	1402	80	24
百分比（%）	36.6	59.0	3.4	1.0

5. 数学文化的学习方式

从表 5-11 的调查结果看出，学生学习数学文化的方式从高到低依次为：教师在教学内容中穿插、课堂中自主学习、课外学习和网络学习。可以看出，学生希望数学文化的学习采用多种形式。

表 5-11　数学文化的学习方式

人数及占比	课外自学	网络学习	课堂中自主学习	教师在教学内容中穿插
人数（人）	394	324	513	1146
百分比（%）	16.6	13.6	21.6	48.2

6. 开放题：数学的作用

本题是开放题，主要是考查学生对数学有哪些作用的认识和看法。由于学生的答案多样化，很多学生列举数学的作用不止一个，因此某些选项的占比会高一些。学生的回答统计见表 5-12。

表 5-12 数学的应用调查结果

数学的作用	人数（人）	百分比（%）
服务于日常生活	1669	70.2
锻炼思维能力	913	38.4
为其他学科的学习奠定基础	176	7.4
在考试中获得好成绩	126	5.3
职业规划	121	5.1
没有作用	5	0.2
其他	102	4.3

从表 5-12 调查结果可以看出，大部分学生认为数学的作用主要在于服务日常生活。很多学生都能了解到数学的实用性价值、用于解决生活问题、锻炼思维、升学考试等，但是对于数学的文化价值，仅有小部分人认识到数学影响着其他学科和领域的发展。至于有关数学美，提及的学生并不多。下面列举一些关于上述主题的回答情况：

主题 1：服务于日常生活

S635：我认为数学可以在现实生活中广泛用到，例如在市场上买东西要用数学，数学离我们的生活很近。

S481：数学非常接近生活，不管走到哪里都有数学。如果没有学好数学，买个东西都不会算，在数学知识中还有很多奥秘等着我们去探索和研究呢。

S1670：许多数学问题都源于生活，所以数学与生活息息相关，学好数学就可以方便生活。

S1251：学习数学可以把知识运用于生活实际，还可以制造出各种能造福人类的东西。

主题 2：锻炼思维能力

S1350：学习数学可以提高人们的思维能力，能合理思考和解决生活中的一些问题。

S975：数学有利于培养人的思维，使我们的学习更好。

S1262：我认为学习数学可以充分锻炼我们的大脑，使我们越来越聪明。

S419：我认为学习数学可以让我们扩展思维，对于生活中的一些问题能更好地解决，同时也可以让生活充满乐趣。

S1575：我认为学习数学可以有效提高人类的智商，使人们在生活中感受到数学乐趣，还可以促进学习。

主题3：为其他学科的学习奠定基础

S618：我认为数学的作用能够帮助科学发展，数学和科学是密不可分的。没有数学就没有科学。

S1098：学好数学还可以为以后学各种理科打下基础，很多学科都要用到数学。

S406：学习数学是各种专业人员的需要，数学是各门学科的基础。

主题4：在考试中获得好成绩

S768：数学对我们学习有很大帮助，也让我体会到了学习数学的趣味，可以让我们提高成绩。

S1972：数学是主干学科，学好数学可以考上著名的理科大学。

主题5：职业规划

S1755：学习数学对以后的工作有帮助，比如银行、财务、会计等方面都要用到数学知识。

S284：学好数学作用很大，可以去考会计证、当数学老师。

5.2.2 民族地区小学生数学文化学习情况的性别差异分析

从表5-13可以看出，除了"数学文化对数学学习的作用"外，在"民族地区小学生在对数学文化的了解、对数学美的欣赏、数学文化对数学学习效果的影响、数学文化对情感培养的价值以及数学文化学习的方式"上都存在显著的性别差异（$P<0.05$）。总体来看，女生相较于男生对数学文化的学习效果更为理想。

表 5-13 学生对数学文化学习的性别差异

(1) 学生对数学文化的了解

性 别	非常了解	比较了解	不太了解	不了解
男	77 (6.7)	561 (48.9)	454 (39.6)	55 (4.8)
女	68 (5.5)	626 (50.9)	508 (41.3)	28 (2.3)

χ^2 检验结果:$\chi^2 = 13.050, df = 3, sig = 0.005$

(2) 学生对数学美欣赏

性 别	完全赞同	比较赞同	不太赞同	不赞同
男	336 (29.3)	496 (43.2)	206 (18.0)	109 (9.5)
女	405 (32.9)	538 (43.7)	201 (16.3)	86 (7.1)

χ^2 检验结果:$\chi^2 = 8.017, df = 3, sig = 0.046$

(3) 数学文化对学生数学学习作用

性 别	大大促进了数学学习	对数学学习略有帮助	没有起到任何作用	起阻碍作用
男	529 (46.1)	565 (49.3)	39 (3.4)	14 (1.2)
女	597 (48.5)	599 (48.7)	25 (2.1)	9 (0.7)

χ^2 检验结果:$\chi^2 = 6.359, df = 3, sig = 0.095$

(4) 数学文化对学生数学学习产生的效果

性 别	更加热爱数学	感到数学有趣味	没有变化	对数学不感兴趣了
男	345 (30.1)	643 (56.1)	139 (12.1)	20 (1.7)
女	368 (29.9)	755 (61.4)	103 (8.4)	4 (0.3)

χ^2 检验结果:$\chi^2 = 22.866, df = 3, sig = 0.000$

(5) 数学文化对情感培养价值

性 别	非常有利于培养	比较有利于培养	不利于培养	阻碍培养
男	411 (35.8)	661 (57.6)	58 (5.1)	17 (1.5)
女	460 (37.4)	741 (60.2)	22 (1.8)	7 (0.6)

χ^2 检验结果:$\chi^2 = 24.820, df = 3, sig = 0.000$

（6）数学文化学习方式

性 别	课外自学	网络学习	课堂中自主学习	教学内容中穿插
男	185（16.1）	200（17.4）	230（20.1）	532（46.4）
女	209（17.0）	124（10.1）	283（23.0）	614（49.9）

χ^2 检验结果：$\chi^2 = 27.768, df = 3, sig = 0.000$

注：单位：人，括号内数字为百分比，以下同

5.2.3 民族地区小学生数学文化学习情况的民族差异分析

从表5-14可以看出，民族地区汉族和少数民族学生在"数学文化对数学学习的作用"上存在显著的民族差异（P<0.05），其他方面差异不显著（P>0.05）。

表5-14 学生对数学文化学习的民族差异

（1）学生对数学文化了解

民 族	非常了解	比较了解	不太了解	不了解
汉族	34（6.5）	270（51.8）	198（38.1）	19（3.6）
少数民族	111（6.0）	917（49.4）	764（41.2）	64（3.4）

χ^2 检验结果：$\chi^2 = 1.723, df = 3, sig = 0.632$

（2）学生对数学美欣赏

民 族	完全赞同	比较赞同	不太赞同	不赞同
汉族	188（36.1）	208（39.9）	85（16.3）	40（7.7）
少数民族	553（29.8）	826（44.5）	322（17.3）	155（8.4）

χ^2 检验结果：$\chi^2 = 7.604, df = 3, sig = 0.055$

（3）数学文化对学生数学学习作用

民 族	大大促进了数学学习	对数学学习略有帮助	没有起到任何作用	起阻碍作用
汉族	278（53.4）	227（43.6）	11（2.0）	5（1.0）
少数民族	848（45.7）	937（50.5）	53（2.8）	18（1.0）

χ^2 检验结果：$\chi^2 = 9.861, df = 3, sig = 0.020$

（4）数学文化对学生数学学习效果的影响

民　族	更加热爱数学	感到数学有趣味	没有变化	对数学不感兴趣了
汉族	176（33.8）	293（56.2）	48（9.2）	4（0.8）
少数民族	537（28.9）	1105（59.5）	194（10.5）	20（1.1）

χ^2 检验结果：$\chi^2 = 4.941, df = 3, sig = 0.176$

（5）数学文化对情感培养价值

民　族	非常有利于培养	比较有利于培养	不利于培养	阻碍培养
汉族	214（41.1）	283（54.3）	18（3.4）	6（1.2）
少数民族	657（35.4）	1119（60.3）	62（3.3）	18（1.0）

χ^2 检验结果：$\chi^2 = 6.186, df = 3, sig = 0.103$

（6）数学文化学习方式

民　族	课外自学	网络学习	课堂中自主学习	在教学内容中穿插
汉族	89（17.1）	66（12.6）	117（22.5）	249（47.8）
少数民族	305（16.4）	258（13.9）	396（21.3）	897（48.4）

χ^2 检验结果：$\chi^2 = 0.818, df = 3, sig = 0.845$

5.2.4 民族地区小学生数学文化学习情况的城乡差异分析

从表 5-15 可以看出，民族地区城乡小学生在"对数学文化的了解、对数学美的欣赏、数学文化对数学学习的价值和数学文化对情感培养的价值"四个方面都存在十分显著的差异（P<0.01）。在学习方式上，城乡学生没有显著差异（P>0.05）。

表 5-15　学生对数学文化学习的城乡差异

（1）学生对数学文化了解

区　域	非常了解	比较了解	不太了解	不了解
县城	53（6.3）	490（58.7）	270（32.4）	22（2.6）
乡镇	92（6.0）	697（45.2）	692（44.8）	61（4.0）

χ^2 检验结果：$\chi^2 = 43.604, df = 3, sig = 0.000$

（2）学生对数学美欣赏

区　域	完全赞同	比较赞同	不太赞同	不赞同
县城	310（37.1）	362（43.4）	121（14.5）	42（5.0）
乡镇	431（28.0）	672（43.6）	286（18.5）	153（9.9）

χ^2 检验结果：$\chi^2 = 35.643, df = 3, sig = 0.000$

（3）数学文化对学生数学学习作用

区　域	大大促进了数学学习	对数学学习略有帮助	没有起到任何作用	起阻碍作用
县城	434（52.0）	387（46.3）	11（1.3）	3（0.4）
乡镇	692（44.9）	777（50.4）	53（3.4）	20（1.3）

χ^2 检验结果：$\chi^2 = 21.533, df = 3, sig = 0.000$

（4）数学文化对学生数学学习效果影响

区　域	更加热爱数学	感到数学有趣味	没有变化	对数学不感兴趣了
县城	249（29.8）	526（63.0）	57（6.8）	3（0.4）
乡镇	464（30.1）	872（56.5）	185（12.0）	21（1.4）

χ^2 检验结果：$\chi^2 = 23.457, df = 3, sig = 0.000$

（5）数学文化对情感培养价值

区　域	非常有利于培养	比较有利于培养	不利于培养	阻碍培养
县城	310（37.1）	507（60.7）	13（1.6）	5（0.6）
乡镇	561（36.4）	895（58.0）	67（4.4）	19（1.2）

χ^2 检验结果：$\chi^2 = 15.404, df = 3, sig = 0.002$

（6）数学文化学习方式

区　域	课外自学	网络学习	课堂中自主学习	教师在教学内容中穿插
县城	135（16.2）	111（13.3）	177（21.2）	412（49.3）
乡镇	259（16.8）	213（13.8）	336（21.8）	734（47.6）

χ^2 检验结果：$\chi^2 = 0.665, df = 3, sig = 0.881$

访谈及资料分析

为进一步了解民族地区小学生数学文化的学习效果,在调查问卷的基础上,围绕学生对数学文化栏目的了解和数学文化的学习两个方面,对部分学生进行了访谈。

访谈者:你对数学教材中的"你知道吗?""数学游戏""生活中的数学"了解吗?可以说一说你比较感兴趣的是哪一部分内容吗?

S1:不是很了解,但是我对生活中的数学比较感兴趣。

S2:了解一些的,我比较喜欢生活中的数学。

S3:不太了解。

S4:了解的,我比较喜欢"你知道吗?"这个部分,比如黄金比例。

S5:有一点了解,"你知道吗?"这个部分我最感兴趣。

S6:不是很了解,我对"你知道吗?"比较感兴趣,里面有很多有趣的知识。

S7:不太了解。

S8:有一定了解,我最喜欢"生活中的数学"。

S9:了解的,"生活中的数学"可以解决生活中的问题。

S10:有一定了解,喜欢"你知道吗?"这个部分。

S11:不太了解,我对"数学游戏"比较感兴趣,因为很有趣。

S12:了解一些的,我对"你知道吗?"比较感兴趣。

S13:了解的,"生活中的数学",特别是黄金分割原理。

S14:不是很了解,我对"生活中的数学"比较感兴趣。

S15:了解的,我最喜欢"生活中的数学",如"下水道的盖子为什么是圆的?"

访谈者:你是如何学习这一部分的内容的?

S1:老师在课堂上讲的。

S2:老师讲的。

S3:课堂上老师偶尔会提到,有时候让我们自己看。

S4:在课本上看。

S5:在课本上看,课堂上老师偶尔会提及。

S6：大多数是在课本上看。

S7：在课本上看。

S8：日常生活中体会到的，有时候也会在课本中学。

S9：我在书上看到的。

S10：在课本上学习。

S11：在课本上自己阅读的。

S12：通过看课本学习。

S13：老师在课堂上讲的。

S14：有一些是老师讲的，有一些自己在日常生活中观察到的。

S15：在课本上看到的，有时候老师也会介绍。

从学生访谈可以看出：

（1）大多数学生对小学数学教材中的数学文化栏目有一定的了解，在这些栏目中，学生最感兴趣的是"你知道吗?"和"生活中的数学"栏目。

（2）学生关于数学文化的知识，主要来自于教师的讲授、课本的学习，还有从日常生活中观察到的。

5.3 研究结论与建议

1. 研究结论

通过对学生数学文化知识的掌握和数学文化学习情况的调查，本研究得到如下结论：

（1）民族地区小学生数学文化知识总体处于中等水平。

学生数学文化知识调查结果显示，民族地区小学生数学文化知识总平均分为9.51，得分略低于问卷及格分9.6分。另外，学生学习情况调查问卷表明，只有一半左右的学生了解数学文化。可见，这两个调查结果是一致的。这说明虽然近些年来越来越多的教育工作者开始关注和重视在数学教育中融入数学文化，但因为融入的难度和边疆民族地区的相对滞后，民族地区的小学数学文化教育还需加强，民族地区小学生数学文化知识还有较大的提升空间。另外从各维度上看，学生在"数学知识的产生、数学思想与方法、数学的应用、数学家的故事"四个维度中,"数学的应用"相关的数学文化知识,学生的掌握情况是最好的,"数学思想与方法"掌握得最不理想。从访谈中发现,学生最感兴趣的是"你知道吗?"和"生活中的数学"栏目。生活处处有数学,学生在"数学的应用"这一维度掌握得较好,离不开其学以致用、学有所用的实际。"数学思想与方法"的掌握情况可能与教师在课堂教学时是否有意识渗透有关。

(2) 民族地区小学生数学文化知识得分在性别方面存在显著性差异,女生得分均值高于男生。

通过数学文化知识的调查发现,民族地区小学生数学文化知识的掌握,在性别方面存在显著差异,女生对数学文化知识的掌握要好于男生。从对民族地区小学生数学文化学习情况的调查结果可知,女生对数学文化的态度也比男生更积极。有关心理学表明,态度和行为具有紧密的联系,态度影响行为,反过来行为也能进一步强化态度。在小学阶段,女生智力等各方面都比男生早发展,女生在学习上比男生更为用功和认真,再加之女生的性格也更加乖巧听话,因此无论是在学习态度和学习结果的反馈上,都是女生要好于男生。

(3) 民族地区小学生数学文化知识得分在城乡方面存在显著性差异,县城学生高于乡镇学生。

民族地区县城学生和乡镇学生在数学文化知识的掌握上存在十分显著的差异,县城学生对数学文化知识的掌握程度明显高于乡镇学生,县城学生对数学文化的学习情况也要好于乡镇学生。这与城乡教育发展不均衡、教师素养、家长期望有关。城乡教育发展不均衡是即成的现实问题,由于种种原因城区教育发展早,教育教学资源也完善,乡镇教育的环境与之相比较薄弱,县城的学生接触到的资源更为丰富,为其学习和运用数学文化知识提供有力支持。县城教师的整体数学文化素养要好于乡镇教师,能给予学生更多积极关注和引导。县城学生家长对学生的期望很高,而乡镇很多学生家长在外务工,没时间教育孩子,对孩子的学习要求不高。可见,城乡差异是影响学生数学文化学习的一个重要因素。

(4) 民族地区小学生数学文化知识得分在民族方面不存在显著性差异。

总体看来,汉族学生和少数民族学生在数学文化知识的掌握上,汉族学生的掌握要好于少数民族学生,但不存在显著差异。在数学文化的学习情况上,少数民族、汉族间也几乎无显著性的差异。这可能因为民族地区不同少数民族学生所处的教育环境相似，不同民族文化相互渗透、融合，所以学生数学文化学习无显著性差异。

2. 建 议

在调查研究的基础上，根据研究结论，本研究对提高小学生数学文化水平提出如下建议。

（1）推进民族地区城乡教育均衡发展，提高农村小学数学教育教学质量。

民族地区教育的均衡发展既是影响当地社会和谐稳定发展的重要因素，又是发挥教育促进当地经济发展和文化建设的重要前提，也是消除民族地区城乡差别的重要保障。[①] 本研究调查结果表明，民族地区小学生数学文化知识得分在城乡方面存在显著性差异，县城学生高于乡镇学生。从数学文化的学习情况来看，民族地区城乡小学生在对数学文化的了解、对数学美的欣赏、数学文化对数学学习的价值和数学文化对情感培养的价值等方面都存在十分显著的差异。由于受各方面因素影响，民族地区经济社会发展相对滞后，民族教育投入相对不足，办学水平不高，导致区域发展不平衡，尤其是城乡之间还有很大差距。因此，需要推进民族地区城乡教育均衡发展，注重民族地区教育的特殊性，给农村学校以更多优惠政策，采取多种措施改进农村小学教学。只有全面提高农村小学生教育教学质量，才能为提升农村小学生的数学文化水平奠定基础。

（2）提升教师数学文化素养，促进学生数学文化知识的学习。

数学文化教学，教给学生的是一种数学思想、数学方法，可以帮助学生树立正确的数学观，对学生的影响是长久的。小学数学教师的数学文化知识不足，这是影响小学生数学文化学习的一个重要因素。在数学教学中融入数学文化，教师是关键。在现实的一线教学中，教师自身的数学文化素养相对滞后或缺乏的现象并非是个案。数学教师数学文化素养匮乏，对数学的文化内涵与通用教材相结合的尺度难以把握。[②] 通过对学生数学文化学习的调查，几乎一半的小学生希望通过教师的教学内容中穿插相关内容来学习数学文化的知识。因此，提升教师数学

---

① 陈荟，鲁文文. 我国民族地区教育均衡发展研究70年 [J]. 西南大学学报（社会科学版），2019（4）：19-28，197.

② 周长军，穆勒滚，赵建红，等. 基于少数民族数学文化背景下的小学数学教学个案研究——以云南德宏傣族景颇族自治州陇川县为例 [J]. 数学教育学报，2018，27（3）：85-92.

文化素养，才能促进小学生数学文化知识的学习。

（3）重视民族文化资源，开发民族数学文化素材。

民族文化对教育发展的质量有着巨大的影响，是民族地区教育改革和发展中不可忽视的重要因素。[①] 民族地区小学生大多为少数民族学生，数学文化教学具有特殊性，也就是说，要重视民族文化教育对数学文化学习的影响。少数民族学生生活在民俗文化的氛围中，自幼受到民俗文化的熏陶，他们的价值观念、生活习惯，对客观世界的认识，对科学知识的选择和理解，都有本民族文化的深深烙印。民族文化逐渐积淀、占据着他们的认知领域，左右着他们的行为规范。[②] 民族地区的小学生在自己熟悉的文化生活背景中能够更好地学习数学，这就需要小学数学教师从数学教育的视角了解和研究民族文化，挖掘民族数学文化素材，并融入小学数学课堂教学中，使学生真正领悟到数学文化的魅力。

[①] 陈荟，鲁文文. 我国民族地区教育均衡发展研究 70 年 [J]. 西南大学学报（社会科学版），2019（4）：19-28，197.

[②] 周长军，穆勒滚，赵建红，等. 基于少数民族数学文化背景下的小学数学教学个案研究——以云南德宏傣族景颇族自治州陇川县为例 [J]. 数学教育学报，2018，27（3）：85-92.

第6章　对民族数学文化素材的挖掘

不同的民族因其地理环境和历史发展过程不同而具有不同的数学文化特征,使之成为具有自己特色的文化现象,这些特征为开展民族数学研究提供了丰富的资源。云南是一个少数民族聚居的地方,有众多丰富的民族数学文化。充分挖掘民族数学文化元素,并运用于小学数学教学中,这正是民族数学文化的教育意义。本章立足云南,介绍丽江纳西族、红河哈尼族、新平彝族傣族、大理白族、迪庆藏族等民族数学文化素材。

6.1　纳西族数学文化及其教学设计

纳西族是一个古老的民族,主要分布在云南、四川、西藏三省交接的横断山脉地区。云南丽江的纳西族,有着悠久而又灿烂的民族文化。[①] 先辈们用他们的智慧和辛劳创造出了多彩绚烂的服饰、建筑、语言文化等,具有鲜明的民族特色。

本研究主要对纳西族文化中的服饰、建筑、东巴文字中的数学元素进行挖掘,并对部分内容融入民族数学文化,进行教学设计。主要包括以下两个方面内容:

第一,挖掘纳西族的服饰、建筑、东巴文化等方面的数学元素。

第二,设计分析民族文化融入数学教学的案例。

6.1.1　纳西族服饰中的数学元素

古风淳朴的纳西族服饰可以说是传统文化里的一朵奇葩。尤其是女性服饰:年轻

---

① 郭大烈. 纳西族传统文化及其保护 [J]. 云南社会科学, 2001 (6): 52-55.

女性的服饰，它色彩多用明快、鲜艳的白色、蓝色、红色等，凸显年轻人的活泼、乐观；年长女性的则多采用藏青、黑色等色调，显端庄素雅。见图6-1至图6-3。

图6-1 纳西族服饰　　图6-2 年轻女性的服饰　　图6-3 年长女性的服饰

1. 七星披肩

纳西族女子上身着长过膝盖的大褂，宽腰大袖，腰系百褶围腰，下着长裤，背披披肩。这种纳西族服饰背上的羊皮七星披肩，是纳西族女性服饰的重要组成部分。这种披肩是用羊皮去毛、洗净、硝白，而后缝制而成，一般用一整块的羊皮制作而成，裁成上方下圆，上面缝着两条6厘米左右宽的白布带，以方便穿戴。方形位置一共有九个彩绣的圆形布盘，偏上有两个对称的大圆，一边表示月亮，一边表示太阳；偏下是七个小圆，从七个圆心各自延伸垂落出两条白色的飘带，其代表的是天上的北斗七星，所以俗称为"披星戴月"。见图6-4、图6-5。纳西族女子劳动时就将披肩的布带拉到胸前十字交叉系紧，看上去犹如七颗闪亮的星星围着一轮明月，象征着纳西族妇女早出晚归、勤劳勇敢的美好品质。

图6-4 七星披肩　　　　　图6-5 七星披肩

2. 头　饰

纳西族头饰与披肩一样，都有"披星戴月"的寓意。头饰上有七个圆，它们以一颗珠子为圆心分散出同心圆，各圆之间的间距相同，佩戴时以中间的圆为基准，向两边对称开来。圆是纳西族服饰上最为明显的几何图形，在头饰上、七星羊皮披肩上都有色彩明亮的同心圆。圆，它线条顺畅、柔美，可以说是最美的图形了，也是纳西族妇女服饰上最为明显的图腾样式。见图6-6、图6-7、图6-8。

  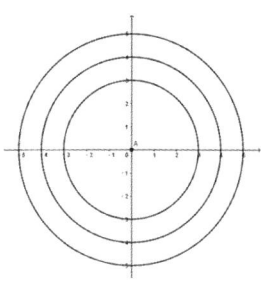

图6-6　头饰　　　　图6-7　头饰上的圆　　　图6-8　圆的几何图形

3. 饰　品

纳西族有很多的饰品，上面会刻有东巴文字和一些有吉祥象征的图腾。比如说民族特色的背包、民族风的装饰品、耳环等。如图6-9是一个极具民族特色的收纳包，它上面由菱形、平行四边形、平移对称的纹案、线条组成，把平面图形的组合完美地展现了出来；图6-10是一个六边形的花瓣形状，是间套并对称的；图6-11是一个民族风挂坠，外部是一个正方形内部套同心圆，下方装饰物相应对称；图6-12是纳西族的碟子，比较具有纳西族特色，里面的纹案不仅有吉祥寓意的动物，而且还有东巴象形文字和一些平移出来的图案，很有文化韵味。

图6-9　收纳包　　图6-10　挂件　　图6-11　挂坠　　图6-12　碟子

4. 百褶裙及围腰

百褶裙和围腰都以线条、弧形为主,体现出数学的对称美。百褶裙和围腰柔美的线条使整个裙身及围腰优美的垂落,很有层次感。以线条为主的百褶裙、以弧形和线条为主的围腰,它们搭配在一起非常的和谐美观,走起路来随着步子在空中摇曳。见图 6-13 至图 6-15。

图 6-13 百褶裙　　图 6-14 百褶裙　　图 6-15 百褶裙

5. 刺　绣

丽江地区纳西族服饰上的刺绣主要在衬衫的领口、袖口,围腰、百褶裙边缘,羊皮披肩系带,还有裤装的裤腿部位。这些刺绣大多由点、线、面组成,以折线居多,粗细曲直构成了纳西服饰上的刺绣图案。

轴对称和平移的变换,在纳西族服饰中最为讲究。所有的服饰部件都体现出对称的特点,头饰上的圆和整体布局都讲究对称、背部羊皮披肩不管整体还是各部分都是对称的,围腰也是一样,增添了不少美感。而平移的变换在羊皮褂的系带下方最为明显,上面的纹案都是一样的以平移的方式对称体现出来。见图 6-16 至图 6-18。

图 6-16 刺绣　　图 6-17 刺绣　　图 6-18 刺绣

6.1.2 纳西族建筑中的数学元素

1. 大水车

丽江古城内的两个大水车相互依托着坐落在古城入口，有人说这是情人水车，也有人说是母子水车。在水车旁有一个极具特色的照壁，上面有江泽民同志对丽江古城的题词：世界文化遗产。这两个水车都是由一个大圆套一个小圆组成，而且都有一个支撑点，即圆心。内部由扇形组成，内圆和外圆均包含16个扇形。见图6-19。

图6-19　大水车

2. 窗　户

纳西族的窗户也是很有特点，特别是古城区的建筑，一眼看上去就感觉很和谐、很美。它不仅遵循了人眼的审美特点，还有很多的数学元素，所有布局都体现出对称的数学美。还有一些由圆、正方形、长方形、三角形、菱形等几何图形组合而成的，里面还有重复和平移的存在。有的是一个图形布满整扇窗，有的则是几种的混搭。见图6-20、图6-21、图6-22。

星形线：因为它像夜空中发亮的星一样，散发着光芒，所以叫星形线（星形线方程：$x^{\frac{2}{3}}+y^{\frac{2}{3}}=a^{\frac{2}{3}}$）。在丽江古城区附近，地地道道的纳西民居窗户上就能看到它的身影。见图6-23。

四叶草曲线：因长得像四叶草而得名。在民间四叶草因为罕见而被称为幸运草，遇到四叶草则意味着幸运神将要降临。在纳西族建筑上也有用到，这意味着人们能做事顺利、好运不断，这是纳西族对美好生活的一种向往。（四叶草极坐标方程：$r=a\sin 2\theta$）见图6-24。

第 6 章　对民族数学文化素材的挖掘

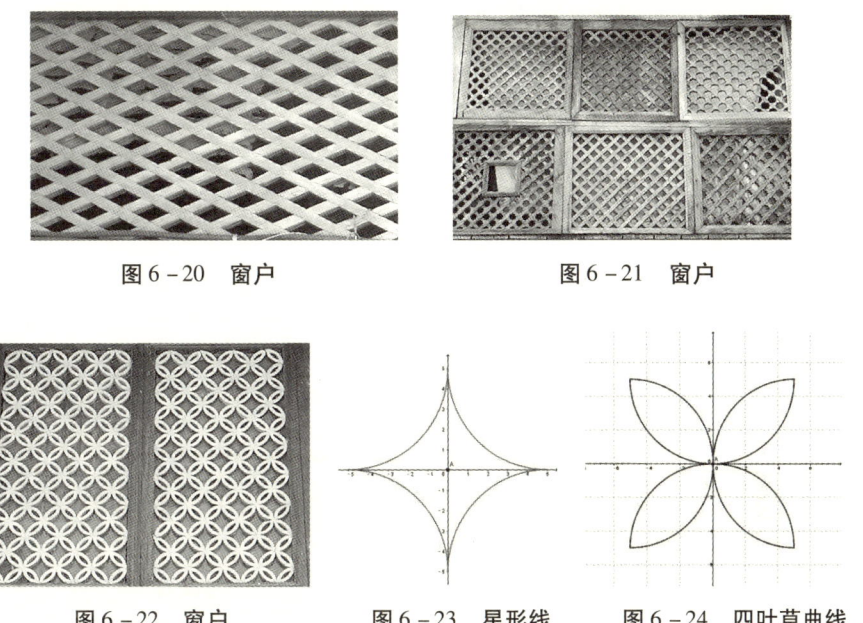

图 6-20　窗户　　　图 6-21　窗户

图 6-22　窗户　　　图 6-23　星形线　　　图 6-24　四叶草曲线

3. 木　府

坐落在丽江古城里面的木府博物馆，是一座非常宏伟的艺术建筑。它极其明显地展现出了明代建筑的风采，当然还保留了一些唐宋建筑的古朴粗犷。木府的大门非常有特点，上面的绘画纹案是纳西族用几何图形连接和堆积组合而成的，其中最为明显的就是阿基米德螺旋图案。见图 6-25、图 6-26、图 6-27。

图 6-25　木府　　　图 6-26　绘画纹案　　　图 6-27　阿基米德螺旋线

6.1.3　纳西族东巴文化中的数学

纳西族的悠久历史成就了他们独特的语言和文字，纳西族的文字大多是象形文字，在丽江街道、饭店、公交车等上都能看得到，甚至还有用东巴文写的春联。他们把各种地名、名称都翻译成东巴文，当然数字也不例外。这是一种文化的传承，更是一种精神的传承。见图6-28、图6-29。

图6-28 东巴文字　　　　图6-29 东巴象形文字

纳西族有自己的文字，除了上面的象形文字，数字一到十、计量单位等也都有它自己的象形写法，见图6-30。语言是文化传承的载体，在纳西族的语言中这些数字在读音上都带有一个纳西语的"音"，例如：一读作"音跌儿"；二读作"音泥"……写法上一到九都像阿拉伯数字7，十为"乂"，十以后数字也是"7"叠加到"乂"下，几十就是几个"乂"；百为"十"，几个百就是几个"十"。千、万、亿、兆则有不同的写法。

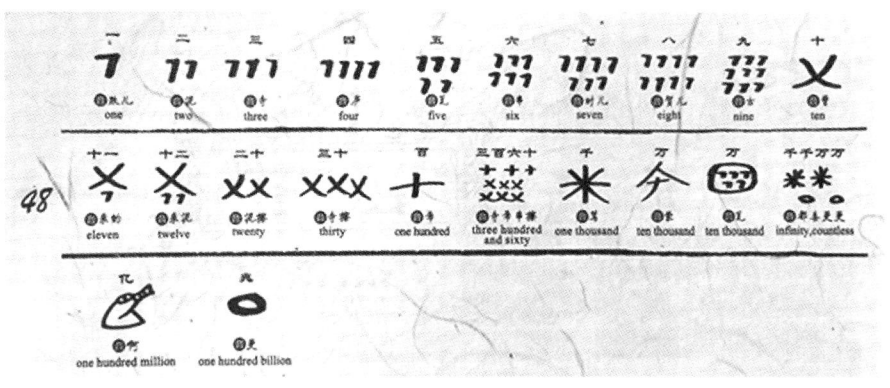

图6-30 东巴计量单位

6.1.4 把纳西族数学文化融入小学数学教学中的案例

对于少数民族地区孩子的教学，可以进行适当的改变，可以依据该地区特点，进行一定的创新。这不仅可以让学生很容易的理解情境、知识点，提高学生的学习兴趣，而且还是一种对民族文化无形的传承。

6.1.4.1 "圆的认识"教学案例

圆是纳西族服装上最多、最明显的图形。对于六年级上册圆的教学，用纳西族服饰作为导入是非常有意思的。圆的认识的教学就可以用纳西族服饰上的圆、窗户上的圆、大水车上的圆来进行。在圆的周长部分可以用大水车转了一周就是它的周长来引导学生；而面积可以让学生观察大水车上的小扇形特点，以此进行圆面积的教学。关于融入纳西文化的"圆的认识"的教学设计如下：

一、教学内容

本次教学内容为：人教版小学数学六年级上册第五单元的内容"圆的认识"。这一课时，是学生小学阶段的最后一个平面图形，也是唯一一个曲线图形。基于学生已经学习了正方形、长方形等平面图形以及各自的周长和面积计算而进行教学的。让学生在这部分学习中体验"化曲为直"的数学思想，发展其数学思维能力和解决问题的能力，同时也为初中阶段进一步学习圆这部分知识奠定一定的基础。

二、学情分析

本次教学是针对六年级的学生进行教学设计。他们在此认知阶段已经具备了一定的学习能力，思维方面也正处于直观形象思维向抽象逻辑思维过渡的关键时期。他们学习主动性强，能自主动脑、探究，但对于少数民族偏远山区的孩子，他们对事物的认识面狭窄，因此在素材上选取了他们比较熟悉的纳西族服饰的数学文化元素来创设教学情境。这样，既能激发学生对知识的求知欲望，又能了解本民族中的文化及数学文化。

三、教学目标

（1）在认识圆和其各部分名称的基础上，理解、掌握圆的特征。

（2）经历观察、操作、思考等的探索活动，提升其动手操作的能力，发展学生的空间感。

（3）感受日常生活与数学的联系，培养学生审美的意识，弘扬民族文化，感受古代数学文化的博大精深。

四、教学重点

理解、掌握圆的基本特征,并能联系生活实际。

五、教学难点

理解同圆、不同圆中半径与直径的关系。

六、教学准备

多媒体课件、尺规。

七、教学流程设计

1. 情境引入(用纳西族服饰引入)

请同学们观察屏幕上的照片,这是什么民族的服饰你们知道吗?

老师想来做一个调查,我们班哪些同学是纳西族?

那你们看了纳西族妇女的服装有什么发现?

请你们说一说这些服装中哪些部分表面是圆形的?教师将课件逐一展示,见图6-31至图6-33。

图6-31 纳西族服饰

图6-32 纳西族服饰

图6-33 纳西族服饰

没错,这些头饰、羊皮披肩上都有圆形,你们觉得这个圆漂亮吗?伟大的数学家毕达哥拉斯通过对大量的平面图形进行研究后,有了"一切平面图形中,圆最美"的感慨。今天让我们就一起去认识圆(板书课题:圆的认识),并向学生介绍羊皮披肩和"披星戴月"的传说。

【设计意图】根据挖掘出来的民族数学文化特色,把纳西族文化融入课堂,贴近学生的生活,以从视觉上吸引学生的眼球,提高学生的学习兴趣。

2. 探究新知

(1)观察和对比。

同学们,你们还记得我们之前学过的平面图形吗,谁来说一说?课件依次展示。圆与我们之前学过的这些平面图形有些什么相同点和不同点呢？先进行同桌互相讨论，再派代表汇报。

谁来试试，看能不能用完整的语言来说一说什么是圆？

请同学们观察纳西服饰上的羊皮披肩下面的部分、围腰、手镯、头饰中有圆吗？为什么？如图6-34至图6-37。

图6-34　羊皮披肩　　图6-35　围腰　　图6-36　手镯　　图6-37　头饰

【设计意图】通过让学生观察、对比学过的平面图形，明确圆是一个封闭的图形，并学以致用，以此判断纳西族服饰中的圆。

（2）实践操作。

同学们都对圆的特征有所了解，接下来请同学们借助你认为是可以画圆的工具或者自己想办法画一个圆，待会儿请同学分享、展示。根据学生表现，以学生介绍为主，教师适当对尺规作图的正确方法及步骤进行说明。介绍完毕再要求学生按照正确的方法在黑板上进行板演，用圆规画一个圆。

【设计意图】通过操作，让学生了解和掌握圆规画圆的方法和步骤，为下面探索圆的特征做好铺垫。

（3）合作探究。

同学们，现把圆片发给你们，根据自己的想法进行折叠，折叠完毕仔细观察折痕，说一说你发现了什么？

下面我要请同学们自己画一画圆的直径，再小组交流看看能画几条，能得出什么结论？

现在给同学们这样一个问题：任意给两个圆，这两个圆中的所有直径和半径都分别相等吗，理由？

接下来请同学们动手操作，看看直径和半径有什么关系？小组讨论"直径是半径的两倍，半径是直径的一半"的成立，需要什么前提条件？见图6-38和图

6–39。

图 6–38 服饰中的圆

图 6–39 服饰中的圆

图 6–40 服饰中的圆

利用多媒体展示纳西族服饰图片，问从直观看头饰上的圆大，还是羊皮披肩上的圆大，理由是什么？见图 6–40。

这就说明圆的大小是由什么决定的？

我们知道半径决定圆的大小，那么圆的位置呢，是由什么决定的？

总结：圆心决定圆的位置，半径决定圆的大小。

【设计意图】学生在教学的过程中探究学习，在活动中探究圆的特征，借助学生熟悉的纳西族头饰和披肩，帮助学生理解决定圆大小的元素，使抽象的数学知识文化变得直观，贴近生活。

3. 课堂练习（略）

4. 课堂小结

今天我们学习的圆的内容，谁能来给我们总结总结？

关于圆的精确记载，在两千多年前就有了：墨子"圆，一中同长也"；《周髀算经》记载"圆出于方，方出于矩……"数学源于生活，也运用于生活，在日常生活中只要用心观察、勤于思考，就能发现更多关于数学的奥秘。

6.1.4.2 "圆的认识"教学案例分析

六年级"圆"这部分的教学设计，主要从以下两个方面进行分析：

从情境导入上分析：教材的情境是摄影师手下的水滴晕圈、摩天轮和天坛公园的圆丘。对于晕圈，这是需要有一定技术成分的，它需要水面是静止的，而且快门速度要足够快才能拍出来这种效果，这与我们平时生活中能看到的晕圈是不一样的。这就让学生与现实生活产生了矛盾。而古老遥远的圆丘和现代的摩天轮，是民族地区学生生活中不能接触到的东西。看到图片介绍名字可能学生才了解要讲的是圆的内容。以纳西族民族文化中服饰、建筑来进行导入,以学生们熟悉的头饰、羊皮披肩上的圆和大水车的圆来进行认识圆这部分的教学对于纳西族地区的学生来说是非常容易接受的,学生的学习积极性和兴趣都非常高。

从教学氛围上分析:在按教材情境进行教学的过程中,学生的课堂活跃氛围没有用少数民族文化进行教学时有热情。在用服饰和水车来进行教学的过程中,可以明显地看出学生对纳西族民族文化的东西是很了解的,教学时用纳西族服饰等具有明显纳西风的东西他们都非常熟悉,这样就不会存在要理解情境的状况出现,课堂氛围也会比之前的好很多。

6.2 哈尼族数学文化及其案例分析

哈尼族是一个古老的民族,主要分布在红河流域中上游、湄公河流域中上游两岸以及中越、中老、中缅边境地区,它有着悠久而又灿烂的民族文化。[①]

本研究主要是对哈尼族文化中的服饰、建筑、日常生活中的数学元素进行挖掘,并运用于教学设计。主要包含以下两个方面内容:

第一,哈尼族服饰、建筑、日常生活文化中的数学元素。

第二,哈尼族文化中的数学元素融入小学课堂情境的案例分析。

6.2.1 哈尼族服饰中的数学元素

中国少数民族服饰的纹样被喻为"穿在身上的史诗",它承载了浩瀚的少数民族文化与历史信息。[②] 勤劳简朴的哈尼族人民通过自己对自然物象的观察,运用几何等元素对自己观察到的自然景观进行归纳、简化、夸张,将他们的思想情感、图腾崇拜等装饰在服饰上。见图6-41中女性的绣花绑腿带就绣有复杂而又有特定含义的花、鸟、虫、鱼图案。尤其是女性服饰,年轻女性的服饰见图6-42,年长女性的服饰见图6-43。

[①] 李凯东,敏塔敏吉. 哈尼族多塔人文化实录 [M]. 昆明:云南人民出版社,2016.
[②] 申玉红,杨启祥,周长军. 云南德宏傣族服饰中的数学文化 [J]. 数学教育学报,2013,22 (1):66-69.

图 6-41　绣花绑腿带　　图 6-42　年轻女性服饰　　图 6-43　年长女性服饰

1. 头　饰

哈尼族头饰多姿多彩，不同地区哈尼族的头饰都有所不同，有的呈圆形，有的呈尖形，但是都以红色和银色作为主色调（见图 6-44 至图 6-46），看上去充满活力。头饰上多为圆形银片装饰，两侧绣几何图形，一般有正方形、菱形、长方形等。从哈尼族头饰中也可以看出哈尼族人民对基本几何图形的巧妙组合能力，甚至可以说已经达到了比较高的艺术境界。

图 6-44　头饰 1　　　　图 6-45　头饰 2　　　　图 6-46　头饰 3

2. 上　衣

哈尼族服饰多彩多姿，妇女的服饰比男子复杂得多（见图 6-47、图 6-48），绣有各种各样的几何图形和色彩多样的几何曲线，而男子上衣较为朴素，一般为藏青色无花纹装饰。衣服整体左右对称，襟边镶结银扣，少女少妇的衣服颜色比较鲜艳，花纹图案更加丰富，其中，上衣的图案就是几何图形的优美组合，比较多的图案有圆、正方形、平行线、折线等，如图 6-49。

图6-47 妇女上衣　　　　图6-48 妇女上衣　　　　图6-49 少女上衣

3. 首　饰

哈尼族首饰大多为银饰，胸部点缀有银泡、银铃，腹部镶有几排三角形银泡（图6-50、图6-51），用银币做纽扣或者用布制满襟对扣。如图6-52为哈尼族服饰上的水神胸饰牌——银鱼挂牌，它整体为圆形还是轴对称图形，饰牌中的螃蟹和鱼等都反映了哈尼族人民对水的崇拜心理。整体构造可以视为由三个同心圆和"星形线"构成的几何图形，它蕴含着丰富的数学元素。

图6-50 头饰　　　　　图6-51 耳饰　　　　　图6-52 胸饰

4. 刺　绣

（1）哈尼族刺绣中的几何变换。

哈尼族服饰中的服饰纹样构成形式主要有单独纹样和连续纹样。单独纹样是指一个独立的个体纹样的造型表现形式（图6-53），一个单独纹样通过平移向四周连续复制而成的组合纹样就是连续纹样，图6-54、图6-55就是通过平移变换得来的连续纹样。单独纹样的造型表现形式包括中心对称纹样、旋转对称纹样以及轴对称纹样，每个连续纹样中都包含一个单独纹样，图6-54其中的四分之一就是一个单独纹样。连续纹样的构成方式主要是几何的全等变换：平移变换、旋转变换、轴反射变换（图6-55）等。其中平移变换还包括：共点平移、共线平移、等距离平移。

图6-53　单独纹样　　　　图6-54　共点平移　　　　图6-55　中心对称

（2）哈尼族刺绣中的几何曲线。

哈尼族服饰的几何曲线是几何纹样的构成要素，主要为圆形曲线。在服饰纹样中，斜线具有飞跃向上的感觉（图6-56），垂线给人的感觉是严肃、坚强、阳刚的，水平线则具有静止、安定的感觉，曲线能给人以温柔、优雅、丰满、欢快的感觉。哈尼族服饰上的刺绣多姿多彩，不同地区有不同的纹样，其刺绣主要在衬衫的领口、袖口，围腰、百褶裙边缘，还有裤装的裤腿部位。图6-57是波浪曲线，图6-58是圆形曲线组成的单独纹样。

图6-56　斜线　　　　图6-57　波浪曲线　　　　图6-58　圆形曲线

6.2.2　哈尼族建筑中的数学元素

1. 民　居

哈尼族传统民居大多为土掌房（图6-59），随着改革开放，传统民居也由土掌房慢慢演变为瓦房（图6-60）、平房。土掌房主视图由梯形和长方形组成，瓦房整个建筑左右对称，屋顶是层状，整体呈现"人"字形，屋顶侧面为一个等腰三角形，房屋整体成轴对称，使得建筑看起来很美观。哈尼族有名建筑还有棕榈凉亭（图6-61），棕榈凉亭整体材料由棕榈树构成，整个建筑也是左右对称的，呈现出一种对称美。

图6-59　土掌房

图6-60　瓦房

图6-61　棕榈凉亭

2. 窗　户

哈尼族的窗户（图6-62、图6-63）也很有特点，细致的工匠运用平移等方法在窗户上雕刻漂亮的花纹，除了花纹以外还有如：正方形、长方形、圆、八边形、平行线、垂线、菱形等几何图形。这些几何图形通过数学中的旋转、平移、对称等几何变换拼构出更大更优美的图案。从窗户的雕刻花纹也可以看出哈尼族人民对于几何图形的组合达到了较高的水平。

图6-62　窗户1

图6-63　窗户2

6.2.3 哈尼族日常生活中的数学元素

1. 传统度量衡

哈尼族有关重量方面的度量衡有斤、两、半、升、斗、石、背、挑等；有关容量方面的度量衡有斗、戥子、升、石、背、挑等；有关长度方面的度量衡有庹、拃等。而有些单位则是融通的，如斗、升、石等，不仅是重量单位，同时也是容量单位。[①] 智慧的哈尼族人民也有多种度量工具（图6-64、图6-65）。

图6-64 升、斗　　　　　图6-65 篾斗

2. 乐　器

哈尼族的乐器——月琴（图6-66），"月琴，形圆项长"，它在哈尼族人民的音乐生活中占有重要的地位，在哈尼族传统社会中它们被用以传情达意。图6-67为哈尼族白鹇鸟图腾，也是由圆围成的。哈尼棕扇舞（图6-68）是非常具有哈尼族民族特色的舞蹈，人们手拿扇形棕榈叶，充当哈尼族人民崇拜的白鹇鸟，在柔美乐曲的伴奏下，模仿着白鹇鸟翩翩起舞。

图6-66 月琴　　　　图6-67 白鹇鸟图腾　　　　图6-68 棕扇舞

---

① 李凯东，敏塔敏吉. 哈尼族多塔人文化实录［M］. 昆明：云南人民出版社，2016.

6.2.4 把哈尼族数学文化融入小学数学教学中的案例

1. 案例1——图形的运动（一）

在人教版小学数学教材"图形的运动（一）"中"生活中的数学"这一环节介绍的是我国的民间艺术——剪纸（图6-69），在这里增加民族服饰的对称性（图6-70、图6-71），贴近他们的生活，能够帮助哈尼族地区的学生理解轴对称图形的含义，引导学生发现民族生活中的对称世界，激发学生的数学审美情趣。

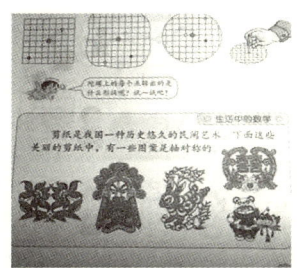

图6-69 剪纸

图6-70 民族服饰

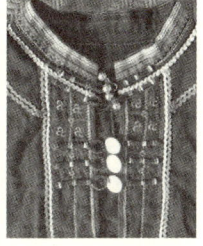

图6-71 民族服饰

2. 案例2——图形的运动（三）

在人教版小学数学教材"图形的运动（三）"中的情境图（图6-72）有偏城市化的意向。风车、秋千等对于少数民族山村地区的学生来说是比较少见的，所以在情境图的选择上用哈尼族地区服饰上的旋转图形来替代（图6-73），这样他们就能很快理解旋转的内涵。

图6-72 风车、秋千

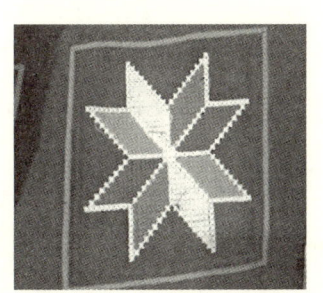

图6-73 服饰上的旋转图

3. 案例3——扇形

现在的课程，缺乏与少数民族学生相关的文化背景和民族文化特色。对于哈尼族地区的学生来说，体现数学课程与哈尼族地区学生相关的文化背景和他们的民族特色是非常重要的，在人教版小学数学六年级上册第七单元的"扇形"的课程教学中的情境图（图6-74），虽然很直观地展现了扇形是什么，但是缺乏了民族特色，不能很好地激发学生学习数学的兴趣。而哈尼棕扇舞（图6-75）是哈尼族非常有民族特色的一个舞蹈，男女老少都会跳棕扇舞，一出示就能引起学生的共鸣，从而极大地提高学生学习的兴趣。在哈尼族地区，课间操就是他们民族的棕扇舞，这样的文化背景他们是非常熟悉的。通过情境图，他们能够感受到自己民族生活中图形的美，有助于培养他们观察生活中的数学以及对于本民族的自豪感。

图6-74　扇形　　　　　　　　　　　　图6-75　棕扇舞

4. 案例4——"圆的认识"教学片段

圆是哈尼族服装上最多、最明显的图形。对于六年级上册圆的教学，用哈尼服饰、日常生活用品作为导入是非常有意思的。这样不仅可以激发学生的学习兴趣，而且还能够在课堂中无形地传播民族文化。

（1）情境引入（用哈尼族服饰、日常生活用品引入）。

师：同学们，在上课之前老师想请问你们一个问题：你们都知道我们国家是一个多民族的国家，你们都知道哪些民族呀？你们观察课件上的图片（见图6-76、图6-77、图6-78），观察到了这些图片中都有什么图形呢？

图 6-76　腰鼓　　　　图 6-77　服饰　　　　图 6-78　月琴

（2）课堂小结。

师：哈尼族有一种传统节日麦色扎（相当于春节），在这个节日里哈尼族人民会画地为圆，在圆圈上跳舞，见图 6-79，来表达对一年到来的喜悦。现在老师用绳子画圆，你们告诉老师这根绳子相当于圆规的什么？请你们利用圆规设计出漂亮的圆的图案（拓展）。

图 6-79　麦色扎

(3) 展示学生设计（图 6-80）。

图 6-80 学生设计的圆的图案

案例分析：六年级"圆"这部分的教学设计，主要从以下两个方面进行分析。

(1) 从情境导入上分析：以哈尼族文化中服饰、乐器来进行导入，以学生们熟悉的圆来进行认识圆这部分的教学，对于哈尼族地区的学生来说是非常容易接受的，这也符合教学实施的理论联系实际原则。书本上的知识教学要联系实际，民族地区要补充必要的乡土教材，通过学生熟悉的民族数学中的圆，来提高学生的学习积极性和兴趣。

(2) 从教学氛围上分析：在按教材情境进行教学的过程中，学生的课堂非常活跃，用少数民族文化进行教学时热情较高。通过自己设计圆形图案这个环节，可以看出，较之正常的教学，学生对于这节课掌握得更好。用学生熟悉的情境教学，就不会存在要理解情境的状况出现，课堂氛围也会较之前好很多。

6.3 彝族傣族数学文化教学素材的挖掘

新平彝族傣族自治县（简称新平县）是云南省玉溪市下辖县。新平县位于滇中腹地，哀牢山山脉横跨，境内有中外闻名的褚橙庄园、陇西世族庄园、磨盘山国家森林公园等历史人文景观和自然景观。新平县现有彝、傣、哈尼、拉祜、回、白、苗等17个民族，其中最多的少数民族是彝族和傣族，属于中国少数民族较多的县城。素有"中国花腰傣之乡"的美誉，是全国"最具原生态民族文化特色的少数民族自治县"，它的"千桌万人磨盘宴""彝族文化长廊"分别获得"世界上规模最大的宴席""世界上最长的彝族浮雕文化长廊"称号。新平县历史人文资源、自然资源、少数民族文化资源异常丰富，为进一步进行民族数学文化挖掘打下了优越的基础。

对于少数民族地区的民族学生来说，以少数民族数学文化为背景进行小学数学素材挖掘，这样的教材选择是建立在已有的认知结构之上，有利于吸引少数民族学生进行数学学习，使他们爱上数学，从而提高教学质量；对于少数民族地区其他学生来说，融入少数民族数学文化的教材不仅可以提高学生的学习兴趣，而且还利于促进民族融合。

6.3.1 新平县少数民族传统节日中的数学文化

对于少数民族文化的了解，一个重要的来源是他们的节日庆典，在这些活动中都体现了丰富的民族数学文化。新平县少数民族的传统节日主要分为三大类型。

1. 服饰文化节，主要包括花腰傣服饰文化节以及水塘拉祜文化节

花腰傣服饰有"穿在身上的艺术，写在身上的历史"之称。花腰傣服饰反映时代的社会意识，也是花腰傣人民对自然之美的认识和反映。花腰傣服饰色彩斑斓，以藏青布料为主，绣上各式图案，图案多而不杂，多呈等距分布，且充分利用了对称，使美学与数学完美结合。以银饰为点缀，且呈现规律排列，服饰上绣以"银泡"，以等距三角形排列，从第一排银泡至最后一排银泡呈现等差分布。头饰、上衣、腰带、筒裙搭配协调，无不透露出浓浓的数学之味。头饰形式多样，却多以"圆"的形式出现。见图6-81和图6-82。

图 6-81　花腰傣服饰　　　　　图 6-82　傣族帽子

拉祜文化节的祭祀活动保留了拉祜族最古老、最神秘的民族文化。在"拉祜祭祀"活动中，拉祜族人们着民族盛装，并有牛皮鼓、芦笙、三弦等民族乐器辅之。不同于花腰傣华丽的服饰，拉祜服饰较为简单。在数学教学过程中可以引导学生进行服饰图案等的对比，不仅使学生了解到不同的民族服饰文化，而且能够让学生在对比中发现数学问题，提出数学问题，解决数学问题，提高学生学习数学的兴趣。见图 6-83。

2. 民族特色节，主要是泼水节、火把节和花街节

每年五月初，嘎洒镇江畔的花腰傣人民都将举行集体沐浴活动，主要在嘎洒镇以及漠沙镇两个会场进行沐浴狂欢、举行贵宾进寨仪式、开展爬槟榔树比赛等活动。泼水节所选场地为嘎洒凤凰广场，广场俯拍呈圆环状；

图 6-83　拉祜族服饰

爬槟榔比赛所选场地中，树与树之间的距离间隔相同……每一个节日活动都充满数学趣味。彝族火把节作为彝族人民的传统节日是源于对火的自然崇拜，火把的传递与奥运火炬传递具有相似之处，在这里我们可以运用火把传递的次数进行数学教学。傣族花街节，青年男女对唱情歌，互喂秧箩饭。见图 6-84 至图 6-86。

图6-84　嘎洒凤凰广场　　图6-85　彝族火把节　　图6-86　花街节吃秧箩饭

3. 地方特色物产节，主要是充满彝族特色的"千桌万人磨盘宴"

每年三月末，磨盘山花海如潮，美不胜收，四面八方的彝族人民身着盛装前往磨盘山花海汇集，欢唱彝族民歌，打着烟盒（打节拍的民族乐器），跳起舞蹈，热情好客的新平各族人民齐聚新平民族广场，摆出当地独有的美食与烧酒，用"千桌万人磨盘宴"迎接八方游人。见图6-87。无论是从宴会的摆设还是宴会上的民族舞蹈、乐器来看，无不体现出浓浓的数学文化。

图6-87　民族广场磨盘宴

6.3.2　新平县小学民族数学文化教学素材的挖掘

民族数学教育只有始终将民族数学文化情境融入数学教学的全过程，以民族文化为数学教学开端，教材内容密切联系民族儿童生活实际，并与民族儿童的认知发展相一致,才能充分让学生在学习中体会学习数学的乐趣,促使其进行正确的成败归因,建立终生学习的愿景。以少数民族儿童最熟悉的诸如民族服饰图案、民风民俗、民族语言、手工艺品等进行数学教学,让民族儿童借助已有的直观经验和情境认识数学的基本规律和基本特征,那么教学效果也必将事半功倍。

1. 民族服饰与几何教学

几何教学是非常考验儿童空间想象能力的。几何图形源于实际生活,而在教材中所呈现的对称、平移等情境往往不符合少数民族地区儿童的认知结构,对教学活动将会产生一定阻碍。

民族服饰、建筑是存在于学生实际生活中,它包含了许许多多的数学文化元素,例如在傣族服饰中,由半球状"银泡"组成的,具有等差关系的三角形图案,每个三角形之间具有等距的特点;腰带上各式的刺绣,无不体现着对称美,每一个图案几乎都涉及平移、变换、旋转、对称等几何变换,见图6-88和图6-89。在结合实际的学习,学生将更容易理解,更容易将知识内化。以服饰建筑等为载体的数学文化让学生懂得数学不但源于生活文化,而且用于生活文化,生活中处处有数学,数学中也处处有生活。

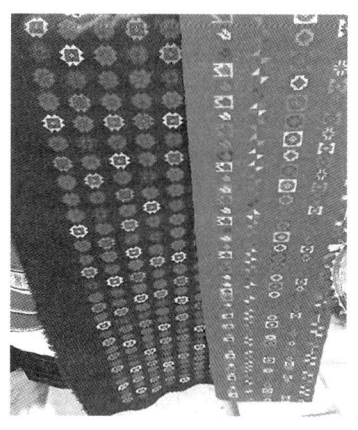
图6-88 傣族腰带

图6-89 银 泡

案例:圆柱体的性质与侧面积的计算

教学对象:六年级学生

教材分析:圆柱是人们在生活中经常遇到的几何体,通过认识圆柱体,进行圆柱侧面积的计算，发展学生空间观念。

民族文化分析：新平彝族傣族自治县主要以彝族、傣族为主，在这部分教学中，主要选用了两种常见的、具有民族特色的傣族筒裙和彝族烟盒（民族乐器）。见图 6-90 和图 6-91。花腰傣筒裙是傣族人民最喜爱的服饰，是手工纺织而成的裙子，民族特色浓郁。由于裙头、裙尾同样的宽窄，形状犹如布筒，侧缝自然垂落，呈筒状、管状，故得名：筒裙。彝族烟盒舞是彝族群众性民间舞蹈，舞蹈时，每个人手拿木棉蝗烟盒弹跳起舞，其烟盒为单面封闭圆柱。

课前准备：全体学生课前观察筒裙特点，重点观察裙头、裙尾，将其特点进行总结归纳，再观察烟盒的特点，与筒裙相似之处，并向家长问询制作步骤。事先准备一张白纸、固体胶。

图 6-90　傣族筒裙

图 6-91　彝族烟盒（民族乐器）

涉及民族文化的教学过程：包括情境导入环节、互动新授环节、扩展延伸环节，具体内容如下：

（1）情境导入。

通过课前对筒裙及烟盒的观察，得出特点，并用白纸模拟制作筒裙和烟盒的过程。通过剪一剪、看一看、想一想，引导学生从实际情境中抽象出圆柱，给出圆柱立体图的名称，让学生举例生活中还有哪些圆柱形的物体，使学生经历从具体到抽象的过程。

（2）互动新授。

用自己制作的纸质"筒裙""烟盒"引导学生去观察、想象，去认识圆柱的底面、侧面和高。之后通过观察、触摸、对比其他立体图形的特点初步得出圆柱体的特征；用"如何知道制作一条筒裙需要多少布料"的问题，引导学生通过剪一剪、看一看、想一想、比一比，使它和长方形、正方形建立联系，从而认识圆柱展开图，并得出圆柱的侧面积计算公式。

（3）扩展延伸。

通过欣赏傣族舞、彝族烟盒舞，观察傣族、彝族服饰中涉及的其他几何图形或几何体，并对两个民族服饰进行对比。

教学反思：圆柱的认识及侧面积的计算着重在于学生的实践操作。新平县属于少数民族聚集地，学生对于傣族筒裙、彝族烟盒等已经是再熟悉不过了。根据建构主义理论中对于情境的要求，设计了此次教学案例。在这次教学中，将教材中的学生不熟悉的建筑物等替换成学生喜闻乐见的民族服饰、民族乐器，首次将民族文化运用于教学活动中，学生在教学过程中反应热烈。在这次教学中注重学生的动手操作能力，注重培养学生的空间观念。

2. 民族语言与算术教学

算术贯穿整个数学学习的过程，而算术的教学又是从自然数的教学开始的。在具有浓厚民族文化色彩且汉语通用程度不高的少数民族地区，实施数学教育面临的最大问题就是语言的差异。对于低年级的民族儿童来说，他们所熟悉少数民族的语言多于汉语；对于少数民族地区的其他民族儿童来说，引入少数民族语言又大大增加了他们学习自然数的兴趣。在新平县，通过走访彝族、傣族、哈尼族发现这边的民族均没有文字传承，此次的案例设计主要是通过学习三个民族的语言，将之作为自然数教学的开端。

案例：自然数的认识（1-5各数的认识）

教学对象：一年级学生

教材分析：1-5各数的认识是学生进入小学学习的第一个课时，且在民族聚集的村完小，很多学生并没有办法进入正规幼儿园进行启蒙教育，大多与父母一起进行在家教学。对于少数民族来说接触的汉文化少之又少，教材中直接摒弃民族文化的教学方式并不适合学生。通过与少数民族语言结合具体生活情境的教学活动，不仅可以提高学生民族认同感，也可以保证教学活动顺利进行。

民族文化分析：一年级的民族学生对于少数民族语言的熟悉度甚至超越了汉语。此次教学活动通过播放彝族、傣族、哈尼族对1-5读法的录音，引起学生兴趣，从而开展有效的教学活动。

课前准备：教师对彝族、傣族、哈尼族中的 1-5 读法进行学习，并进行录制；学生准备小棒。

涉及民族文化的教学过程：包括情境导入环节、互动新授环节、课后练习环节，具体内容如下：

（1）情境导入。

教师通过播放彝族、傣族、哈尼族语言中的 1-5 读法的录音，引起学生兴趣，使学生认识到语言的多样性，从而顺利引出汉语 1-5 的学习。

（2）互动新授。

①数数：给出主题图，让学生观察图中的动物数量，引导学生对不同事物分类数数，并用喜欢的少数民族语言结合汉语表达出来。

②读数：教师根据情况适时将 1-5 按照从小到大的顺序写在黑板上让学生进行认读并在草稿本上写一写。

③表示数：教师说出一个数字，学生先写在作业本上，再用小棒进行摆一摆，最后对民族语言感兴趣的同学可以选择用少数民族语言表达；教师拿出 4 个苹果，用其他方式表达出和老师相同数量的数（摆小棒、民族语言表达）；同学之间交流互动，用喜欢的语言表示数。

（3）课后练习。

结合少数民族实际生活，进行练习题的编制。

例 1：春游活动。课件出示"秧箩饭"和学生进行互动，说明秧箩饭来历，并交代任务：下次的春游每位学生准备一份"秧箩饭"。首先对需要准备的材料进行统计，看图统计。见图 6-92。

师：图中共有几份"秧箩饭"？（引导学生数数）

生：三份。

师：分别来看一下这三份"秧箩饭"里边都有些什么，分别是多少？（引导学生从多到少数数，比较数量的大小）

图 6-92　傣族"秧箩饭"

生：积极回答，热情高涨。

师：那么下次春游你准备在你的"秧箩饭"中放几块咸鸭蛋，几条干黄鳝？

生：积极回答，热情高涨。

例2：猜一猜活动。邀请学生从1-5中用民族语言表达，大家来猜一猜它是数字几，并用小棒摆出来。（其中包括汉族学生，用方言表达）

师：接下来我们请几位不同民族的学生，从1-5中选一个你喜欢的数字，用你的语言表达，并让大家猜一猜你说的是数字几。

生：积极发言，热情高涨。

教学反思：少数民族语言以一种口耳相传的形式进行民族文化的传播，对于文化的传播发挥着不可磨灭的作用。将少数民族语言作为自然数认识的导入，贴合民族学生日常，吸引其他民族注意。在练习题中将具有民族特色的"秧箩饭"与自然数的认识相结合，设置"春游"情境，再次使学生热情高涨。

3. 民风民俗与问题解决

当前民族地区的数学教育尚未融入民族数学，民族传统文化也未融入课堂，国家统编教材的内容对少数民族地区民族儿童来说没有知识储备，儿童先要了解数学教材中的内容反映的场景是什么，然后才能进行具体学习，无形中增加了学习的难度。要解决这一难题，最有效的方法就是将他们所熟悉的民风民俗等融入问题解决的情境中去，在所熟悉的情境中进行问题解决，构建符合民族儿童的认知心理和学习环境，使民族学生置身于带有民族文化的数学活动中，更能引起民族学生的共鸣。

案例：植树问题

教学对象：五年级学生

教材分析：植树问题是问题解决内容中比较经典的一块内容，学习起来也较为困难。学习这块内容并不能纸上谈兵，必须和学生的实际生活相结合，使学生在具体情境中学习。

民族文化分析：此块内容涉及的民族文化主要是傣族泼水节"爬槟榔树比赛"及彝族"磨盘宴"。两种节日都是较为盛大的，学生对活动的熟知度较高。槟榔树的种植一般讲究间隔，在此创设等距的情境；磨盘宴的桌椅摆放讲究等距，用于此部分教学较为合适。见图6-93和图6-94。

第6章 对民族数学文化素材的挖掘

图 6-93　槟榔树

图 6-94　磨盘宴

涉及民族文化的教学过程：包括探索新知环节、课后练习环节，具体内容如下。

（1）探索新知。

①结合课件，创设问题情境：由泼水节爬槟榔树比赛引出植树问题（已知：嘎洒大槟榔园道路长200米，要求树与树之间间隔10米。问题：以此设计一份植树方案），引导学生用不同的方式解决问题，着重注意槟榔树棵数与间隔数关系。

②合作探究：引导学生转换思维方式，将实物抽象成小棒，用小棒代替槟榔树进行植树问题的探究。学生先进行自主思考，之后再进行合作探究，学生活动大概在10分钟，通过摆小棒引导学生得出间隔数与棵数的关系。

③出示课件，引导总结。

（2）课后练习。

例：随着"磨盘宴"钟声的拉响，新平民族广场的布置工作紧锣密鼓的展开。民族广场占地面积约9000平方米，长约100米，宽约90米，将广场分为10块，每块占地面积约900平方米，长约45米，宽20米。每隔1米设置一个圆桌，设计出你的方案。见图6-95和图6-96。

· 159 ·

图 6-95 磨盘宴　　　　　　　　　图 6-96 抽象磨盘宴

例题灵感来源于新平彝族"磨盘宴",在解题过程中,经历物体的抽象过程,培养学生从实际中发现问题、解决问题的能力。

4. 民族工艺品与数据分析

数据分析主要解决的问题在于数据的收集、统计、分析。因为旅游业的快速发展,日常用具慢慢地演变成了工艺品,但实际上对于少数民族来说,它们依然是最传统的日常用具,作为世代相传的手艺,不会随着时间消失。例如:傣家小餐桌、背篓、土陶(土锅),彝族彩漆餐具等,将这部分内容作为数据统计的教学能够满足数据的基本需求。见图6-97和图6-98。

图 6-97 傣族土陶(土锅)　　　　　图 6-98 背　篓

案例:求平均数

教学对象:四年级学生

教材分析:平均数属于统计类,它是一个数据的分析过程。同样,在这部分的教学中以建构主义理论为指导原则,充分利用新平县民族文化资源,对学生进行教学。

民族文化分析:傣家小餐桌、背篓、土锅,彝族彩漆餐具是少数民族的生活用具,同时也作为一种工艺品存在于人们的生活中,在此,通过结合具体场景呈现出来。

涉及民族文化的教学过程：包括情境导入环节、互动新授环节、巩固提升环节、课后练习环节，具体内容如下：

（1）情境导入。

良好的开端会使学生热情高涨，精力集中，激发学生的求知欲。在教学导入环节，首先抛出了他们生活中常见的数量问题。在这堂课中，用了采摘橙子的活动。位于哀牢山山脚的褚橙庄园里的橙子熟了，这次有幸得到邀请。我班共42位学生，将之分成三个组进行比赛：一组14人，二组16人，三组12人，比一比哪一组采摘到的橙子最多。我们来一起猜一猜哪组同学采摘到的橙子最多。通过学生们的积极讨论，总结出此分配方案是不公平的，要使人数相同才可以进行比较。抓住学生的思维，引导他们进入平均数的学习。

（2）互动新授。

通过学生自主发现游戏的不公平性，从而引导他们认识平均数、求解平均数。以采摘褚橙为主线，贯穿整节课的学习。由平均分人数，到认识商的命名，总结得出平均数的求法。见图6-99。

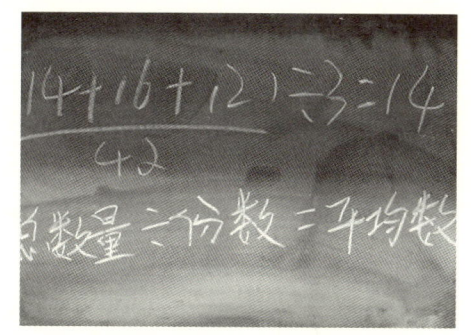

图6-99 平均数公式

（3）巩固提升。

以采摘橙子为主线，继续设置数学问题：现在我们每个组均是14人，当活动结束时，我们需要把摘到的橙子放到背篓里。第一组摘了17千克，第二组摘了16千克，第三组摘了15千克。第一问：平均每组摘了多少千克？第二问：共有六个背篓，每个背篓平均承重多少千克？第三问：每个组平均运送几个背篓？第四问：第一组用了8分钟将两个背篓运送到山脚的车上，第二组用了7分钟，第三组用了9分钟，他们平均用时多少？

在这个环节中，以一条主线贯穿整个学习过程，进行不断地追问，使学生一步步解决问题，更加深刻地理解平均数。

（4）课后练习。

例如：随着旅游业的发展，傣族土陶制品越来越受到外地人的欢迎。今天，漠沙镇的土锅寨里来了5家企业,他们都想要收购土锅寨的土陶制品,为了不伤和气,村长决定将村里的土陶制品平均分给5家企业。已知,村西场共有188件土陶制品,村东场有297件,平均每个企业能分到多少件?

同样的,在这个环节根据民族工艺品结合平均数展现出来,符合"生活即教育"的思想。

新平彝族傣族自治县教学质量参差不齐,校本资源开发不是很理想,教师整体学历偏低,在教学过程中也没有很好地结合实际情境进行教学,导致学生不知道教师在讲什么,教师又觉得学生学习不用心。新平彝族傣族自治县作为旅游大县,民族文化很大程度上得以保留,以少数民族数学文化为背景进行小学数学教学素材挖掘,不仅可以增加学生学习兴趣,而且也能提高民族意识。

少数民族数学文化的研究虽还存在很多不完整的地方,但已经在逐步完善。民族数学教育,不仅要扎根于民族文化,而且还要融合于世界数学文化之中。在进行少数民族数学文化教育的研究中,要继承、发扬民族传统数学文化,并将其精华用于民族数学教育,用于小学数学课程资源的开发,更好地开发少数民族儿童的数学思维,培养少数民族的优秀人才,同时又不把我们的民族数学教育局限于狭窄的民族数学文化的范围,从而放眼世界,放眼于全人类的文化,以促进民族地区数学教育教学质量的提高,使优秀的民族文化得以继承。

6.4 把白族文化作为教学资源融入小学数学教学中

小学数学是一种日常生活的数学。小学数学教师在生活中开发教学资源,能有效辅助数学课程资源的建设,提升教学质量。少数民族文化蕴含丰富的数学元素,民族数学文化可以作为一种教学资源因地制宜地融入数学教学中,形成一种当地学生熟悉的教学情境,以弥补教学资源的不足。

有学者对白族的宗教文化、民族服饰、建筑装饰、民俗风情、白族语言等载体所蕴含的数学元素进行研究,探析白族文化与数学文化的共通性。[①] 本研究仅以人教版小学数学教材二年级上册为例,将大理白族文化作为教学资源融入小学

---

① 杨梦洁,王彭德,杨泽恒. 白族文化中数学元素的挖掘[J]. 数学教育学报,2017,26(2):80-85.

数学教学活动中。利用白族人民生活中的文化形成教学情境，探索数学和少数民族文化的交叉点，达到民族文化融入数学教学的目的，从而丰富数学课堂，在激发学生学习数学兴趣的同时，赞美白族人民德、智、体、美、劳全面发展，促进学生对本民族文化的了解和传承。

6.4.1 把白族文化融入"数与代数"的教学内容中

案例1：表内乘法

人教版二年级上册将表内乘法安排在第四单元和第六单元进行逐步教学，首先第四单元是乘法的初步认识，然后分别是5的乘法口诀，2、3、4的乘法口诀，乘加、乘减和6的乘法口诀，主要是对乘法口诀表前半部分的学习，而第六单元则是学习乘法口诀后半部分7的乘法口诀、8的乘法口诀、9的乘法口诀包括用这些口诀解决问题。在学习口诀之前，先对什么是乘法进行初步认识的目的是让学生经历一个从相同加数连加到乘法的过程，体现学生在学习中的主体性。教材中对"4的乘法口诀"教学是以数一盒汤圆个数为情境，通过四个四个数的方式得到这盒汤圆个数，从计算中会发现，出现相同加数很多个就可以用乘法计算相同加数乘个数。

对于白族学生在这部分的教学中，我们可以用白族扎染工艺作为教学情境。扎染是中国传统手工染色技术，在白族地区也有自己的扎染工艺，扎染的原理是在纺织品染色前进行部分结扎让其不能正常染色，从而呈现出各种各样的图案。几乎每个白族学生都会基本的扎染，因此我们可以在教学中做一个简单的扎染去理解4的乘法口诀。

图6-100 白族扎染图片

课前准备：白色的布一块、线、剪刀、蓝墨水和一个小碗等。

制作过程：请学生在布上揪起一块扎四次并纪录一个揪有四个结，同样的揪四次，将布放入准备好的有蓝墨水的小碗中浸泡三分钟拿出来晒干，最后将结扎的线拆开得到漂亮的图案。见图6-100。

观察图案的特点：每个图案由四个同心圆组成，而且总的有四组。如果要求计算一共有多少个圆，按照以前的加法是 4+4+4+4=16。从中让学生发现它的加数都是相同的，并让学生明白，像这种加数相同的加法还可以用乘法表示：

乘法算式：1 × 4 = 4　　读作：1乘4等于4

　或：2 × 4 = 8　　读作：2乘4等于8

　　　3 × 4 = 12

　　　4 × 4 = 16

　　　乘　乘　乘　＝　积
　　　数　号　数

在列乘法算式时是：

相同加数 × 相同加数个数 = 积

所以4的乘法口诀：

1 × 4 = 4 或 4 × 1 = 4　　一四得四

2 × 4 = 8 或 4 × 2 = 8　　二四得八

3 × 4 = 12 或 4 × 3 = 12　　三四十二

4 × 4 = 16 或 4 × 4 = 16　　四四十六

在教学其他乘法口诀时可以用其他复杂的图案来教学，不仅教授了知识，而且还能让学生了解自己的民族文化扎染工艺和感受民族特色的美，并传承这种民族工艺。

另外，在教学8的乘法口诀时可以结合白族的习俗，红白喜事宴客中的八大碗是白族传统饮食文化

图6-101　白族八大碗

的集中表现。白族人会把八大碗摆在用大理石做的八仙桌上，所以每个宴桌上只能坐下八个人，利用一一对应的思想每个桌子上就上八个菜，八大碗因此得名。荤素搭配是白族饮食文化的主要要求，同时可能受白族人民热情的民族性格影响，更偏向色泽鲜艳多彩，在口味上则喜爱酸辣。蒸、炒、煮、炸和凉拌等是做八大碗中常用的方式。图6-101为常见的八大碗。

在吃饭时可以利用8的乘法口诀计算有多少人来吃饭：

1个8	8×1=8	或	1×8=8
2个8	8×2=16	或	2×8=16
3个8	8×3=24	或	3×8=24
	......		
9个8	8×9=72	或	9×8=72

同样的我们也可以用这个方法预算准备的食材，八大碗也就是每桌有8碗，所以一个八是每种菜要准备一碗，2个八就是每种两碗一直这样算，估计有多少个8的客人来预算食材，这样既不会不够，也不会太浪费。在8的口诀教学中体现了白族的风俗习惯，让学生在学习口诀的同时也了解自己民族的风俗习惯，将这些风俗习惯传承下来并发扬光大。

案例2：认识时间

认识时间是人教版二年级上册第八单元的知识，时间是一个比较抽象的东西，对于低年级学生更是难以理解。白族学生虽然从小没有一些具体的计时工具，但是在观察长辈的计时中不难理解用太阳的位置或者房屋的影子去计时，以下就是引用了民族特色去导入课时认识时间，教学导入情境如下：

同学们知道以前我们的祖先是怎样观察一天的时间变化吗？（出示太阳照着有白族建筑特色的四合院房子出现影子的图片，见图6-102）如果是阴天没有太阳怎么办呢？怎样用一年级学习过的钟表计时？在老师的引导下让学生说一说，可以看天空中太阳的位置或者是在四合院里观察院子里的太阳光照情况，比如在天气晴朗的一天，从天亮到七八点钟在院子里是晒不到太阳的吧，从九点钟开始院子里的光照面积越来越大，一直到中午十二点太阳光刚好覆盖整个院子，之后越到下午院子里的光照面积越来越小，以此去观察大概是几时。

图6-102　白族四合院

6.4.2 把白族文化融入"图形与几何"的教学内容中

案例1：长度单位

长度单位在人教版二年级上册第一单元教材设置中有对"拃"的认识，在低学段可能学生对这个长度单位不理解，但是在白族话中用中年妇女的手来量一次就是一"拃"。在教学中可用白族妇女做布鞋来引入，因为几乎每个白族妇女都会自己做布鞋，孩子从小一般都是穿着妈妈做的布鞋，所以从小到大最爱的还是妈妈做的千层底，用这些有德育意义的情境引入知识，做鞋子需要鞋样，需要测量脚的大小，这样就需要母亲用手来比一下孩子脚的长和宽分别有几拃。用最原始的方式认识最基本的长度单位，引导学生认识到：为了更精确的测量物体而出现了统一的长度单位厘米。见图6-103。

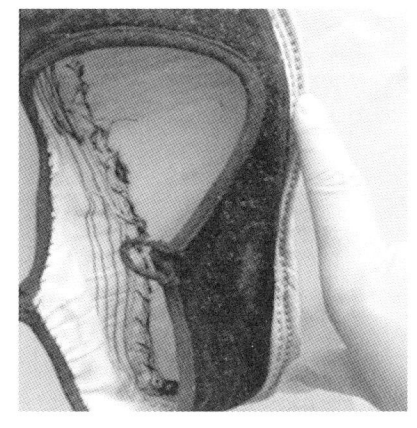

图6-103　布　鞋

通过对鞋样的制作认识长度单位"拃"，不仅能让白族学生感受到母爱的伟大，而且还能让学生对自己民族的传统手艺进一步了解和传承。

案例2：观察物体

在该册数学教科书中将观察物体设置在第五单元，在本课时的教学中要尽量引导学生去观察、分析和描述看到的物体形状，从中感悟不同位置观察同一物体形状不同的核心思想，或者会用逆向思维由已经得到的物体形状反过来判断观察者应该在哪个位置。在教材中用观察玩具熊去贯彻从立体到平面的思想，而在白族学生的课堂上，可以通过观察校园里富含民族特色的"三坊一照壁"

图6-104　白族建筑

传统建筑物去建立空间观念，见图 6-104。这个部分的教学作如下设计：

请学生利用上课前的时间去观察学校房子在不同方位上的结构。同桌讨论看到的图片并描述由什么结构组成。

这样设计的意图是：用白族学生在其中的白族建筑作为教学资源，在学习不同位置观察物体的同时感悟白族人民的智慧，了解本民族的创造力，从而激发他们对本民族文化探索的兴趣。

确实我们身边有很多我们见过的物体是我们可以观察并记住的，我们的祖先是有智慧的，比如这个有特色的建筑物，三坊的形状都是不同的，能不能说说你们在不同的方向看到了什么？同桌讨论看到的形状。

通过观察白族建筑达到让学生形成空间观念和了解自己身边的传统建筑风格，体会白族人民的智慧。

观察白族建筑形状的特点，在让学生认识不同位置观察同一物体看到的形状不同的同时，了解本民族建筑，感受白族人民的智慧，以激发对本民族文化了解的兴趣。

6.4.3 把白族文化融入"统计与概率"的教学内容中

案例：数学广角——搭配（一）

小学阶段的第一个数学广角就是小学二年级上册的搭配问题，也可以说是学生初步接触的概率问题。数学广角的知识本来就有一些高数的思想，所以比较难理解，对于白族学生更是云里雾里。但生活离不开数学，数学也离不开生活，在教授白族学生搭配这个知识时，可以采用民族服饰搭配来作为教学背景，一方面可以让学生了解自己民族服饰的丰富多彩和搭配方法；另一方面也可以建立起这种搭配的概率思想。

白族服饰中体现了白族人民勤劳的品质，白色是白族的象征性颜色，白族人民的衣物大多是白色，白色在白族是高贵的象征，但是为了视觉效果经常在白色打底衫外面搭配一些色彩对比比较明显的披挂，较为突出地体现了白族人民在服装艺术上的重视程度。色彩搭配和年龄也是有联系的，对于年轻的姑娘和朝气蓬勃的孩子服饰往往会偏明亮，而对于成熟稳重的男子则比较简单大方，以凸显出他们的朴素。年轻姑娘的服装，色彩上大多数是上衣选择白色或浅色襟衣，外罩是红色，浅蓝色的领袖。而对于下身的搭配同样也是很重视的，一般穿的长裤都是白色或浅色，在长裤上面会在腰上系短围裙，搭配上各种颜色的宽花腰带或飘带，以紧束腰身，脚上也是穿各种款式的手工绣花鞋。这样的打扮，浓艳而又不失庄重，反而显得高贵，真的是人见人爱。

在搭配的教学中可以引用白族年轻女子的服饰搭配为例，见图6-105。

图6-105　白族服饰搭配

白族妇女的服饰搭配在造型与色彩调配上要求是比较高的。搭配上比较喜欢打底层色彩搭配和谐，而在外褂和腰带的选择上偏深色系，这样体现白族人民朴素而不失大方。年轻姑娘的衣饰，主要有上衣、外罩和长裤几个部分。上衣在颜色的选择上偏爱类似白色的浅色系，搭配的外罩也大多是浅蓝或者深红。为了色彩协调鲜明，长裤一般也是偏浅色系。通常的白族服饰搭配方案见表6-1。

表6-1　白族服饰颜色搭配分类

搭配方案	上　衣	外　罩	长　裤
深浅对比	白色	红色	白色
	浅色	红色	白色
	白色	红色	浅色
	浅色	红色	浅色

续　表

搭配方案	上　衣	外　罩	长　裤
浅色系	白色	浅蓝色	白色
	浅色	浅蓝色	白色
	白色	浅蓝色	浅色
	浅色	浅蓝色	浅色

在实践教学中可以准备相应的服饰图片进行展示，如果条件允许可以实践动手搭配操作，以便于学生理解搭配的方式，体会思想。

6.4.4　把白族文化融入"综合与实践"的教学内容中

案例：量一量，比一比

综合与实践主要是在学习了新的知识以后，将几个知识应用在一起去解决生活中的实践问题，如在二年级上册中就在学习了长度单位和乘法口诀的基础上，在"量一量，比一比"中将这两个新知识结合在一起去解决问题。对于这个内容白族的学生除了量一量校园里的东西，还可以在组织秋游活动的时候去参观大理著名的崇圣寺三塔，了解三塔的高和它们之间的距离等等。

三塔是大理的一个著名景点。其中方形密檐式，高 69.13 米，共 13 层的"千寻塔"是三个塔中最大的一个。另外是一对八角形的高 43 米 10 层的南、北两个小塔，三塔浑然一体。传说中修建三塔不仅可以作为佛家宣扬场地，还可以为"泽国多水患"的大理测量水位。三个塔的位置分布是大塔在前，两个小塔紧跟其后，大塔与两个小塔间隔都是 70 米，而两个小塔相距 90 米，从平面上看三塔形成了一个标准的等腰三角形，在立体空间上形成三足鼎立的盛况，见图 6-106。

图 6-106　大理三塔

在教学中可以先测量一下学生的身高大约几米,再根据乘法口诀和口算来初步估计三个塔的高度,每个塔需要几个学生叠在一起,还可以测量两个学生手拉手有多长,再用几个二的形式估计一下三个塔两两之间分别要多少个学生手拉手才能碰到两边的塔。

综上,本研究仅仅是针对二年级上册的知识点,把白族文化作为一种资源融入小学数学教学中。通过在小学进行实践教学的效果来看,将民族元素应用到小学数学教学中是可以增强学生学习数学的兴趣,促进学生对数学知识的理解。这种将民族文化和知识相结合的学习方式,不仅能使学生增长知识,而且还可以让学生了解本民族丰富多彩的文化,感受前辈的智慧并肩负起传承这些民族特色的使命。

6.5 藏族服饰中的数学文化及其小学数学课堂教学

民族服饰的研究具有重要意义。第一,民族服饰是民族文化的重要组成部分。它是民族文化最集中的表现形式之一,它是一个民族的历史、文化、风俗习惯、居住环境和审美取向等诸多因素的长期融合积淀而形成的。第二,对民族服饰的研究有利于服饰文化的保护和开发利用。第三,它为教材编排和教师教学提供了参考。

关于藏族服饰中数学文化的研究,不仅有助于藏族服饰文化的传承与发扬,而且它体现了数学文化的美感,使人们充满对数学的向往,进而在数学研究中有所成就。小学数学案例分析不仅有利于藏族服饰文化的保护和开发利用,而且还可为教材编排和教师教学提供参考。以下对迪庆州藏族帽子、藏袍和配饰中的数学元素进行挖掘,并运用于小学数学课堂教学中。

6.5.1 藏族帽子中的数学文化

藏族服饰中的帽子有许多种,例如:耳帽、狐皮帽、毡帽等。耳帽用藏语称"那西"。但是男士和女士的有些不同,男士耳帽呈筒形,较圆又有点高。而女士的呈椭圆形,较矮。四耳帽的形体巧妙,圆筒下缘分别是四个对称的"V"形耳翼,每两组分别成轴对称图形。相同体外绕有金丝缎,金丝缎上的每一个到顶、底的距离相等，丝缎上印有规则的花纹。这些花纹又成轴对称图形，含有许多的数学文化，如今该帽的色泽及形体变化多样，普及整个地区，见图 6-107。

图 6-107　藏族帽子

6.5.2　藏袍中的数学文化

藏族有各式各样的藏袍，每一个藏袍上都有各种各样的图案，并代表着各种不同的意义，运用了许多数学文化。藏袍的制作很复杂，把制好的构成三角形、梯形、长方形等各种形状的布料，根据不同人的体积、大小、长短依次缝纫，缝制好的藏袍两边，两个袖子都成轴对称图形，在藏袍的边缘根据自己家境的不同装饰布边，把水獭皮剪成 15-20 厘米的长方形，然后镶嵌在藏袍上。藏袍上方有金丝缎，这些丝缎上有着不同的吉祥图案，如龙、凤、八宝等，这些图案具有一定的数学文化，并呈轴对称，见图 6-108。

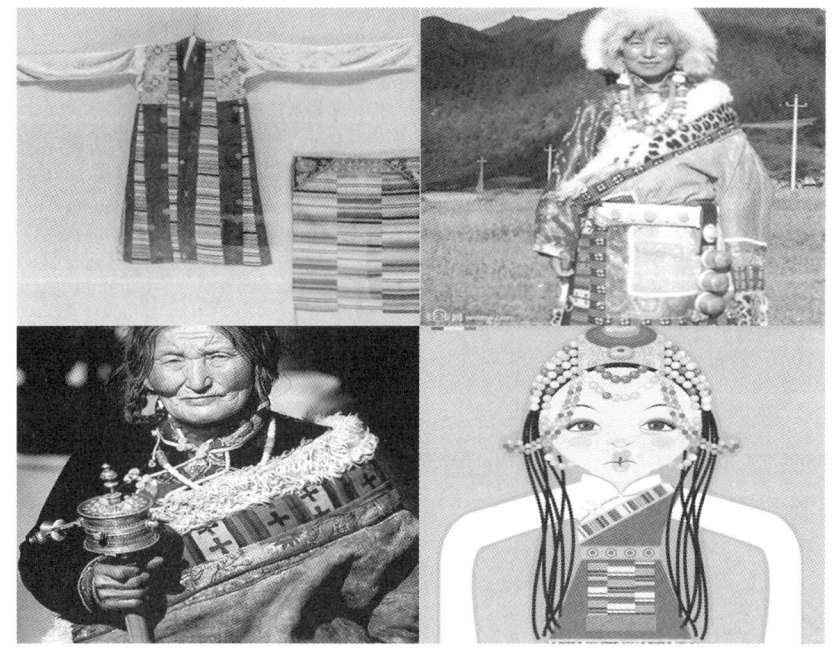

图 6-108 藏 袍

6.5.3 藏族佩饰中的数学文化

现在的人们很喜欢佩戴各种各样的佩饰，而对佩饰的喜好与人的年龄性别及爱好有很大的关系，佩饰的种类很多，比比皆是，主要有头饰、项胸饰、边饰、佩饰等。在藏区有藏族文艺展演的时候，都会佩戴头饰。有些头饰边缘多为珊瑚所制，中间会有一个圆形的图案，并放在额头的正中间。大部分的头饰都是运用一些数学图案来设计的。

辫套是妇女后背相连的装饰品，每个地区各有不同，就拿农牧区来说，农区所用的呈长方形，宽十二三厘米。由两侧的"佳仓"和相加其间的"扎序"组成。"佳仓"为一对，有许多的珊瑚串，其中还有许多的宝石，而这些珊瑚和宝石大小、形状都不同，有些宝石呈圆形，有些宝石呈椭圆形，运用了许多的数学文化。牧区妇女的有大小两种样式，大辫套呈长方形，小辫套呈正方形，上有珊瑚、绿松石等各种饰品，这些饰品多以一些数学文化图案为基础来制作，外观非常漂亮，每当节日时妇女们都会佩戴各种辫套和配饰，见图 6-109。

第 6 章 对民族数学文化素材的挖掘

图 6－109 藏族配饰

6.5.4 藏族服饰及其数学元素的问卷调查

选取迪庆州德钦县某小学六年级两个班 80 名学生，对藏族服饰及其数学元素的了解情况进行调查。

问题1. 你认识的藏族服饰有哪些？（填在下面的方框内）统计结果见图 6－110。

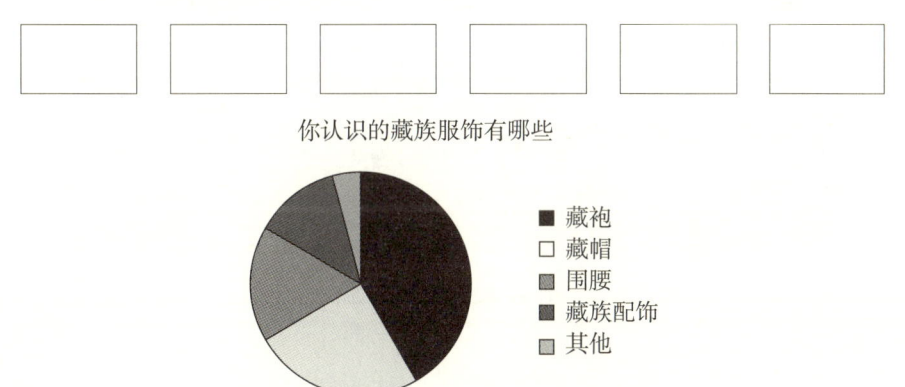

图 6－110 学生认识的藏族服饰类别

问题2. 你从下面藏族服饰的图 6－111 至图 6－113 中看到了哪些数学元素？

· 173 ·

（填在下面的方框内）统计结果见图6-114。

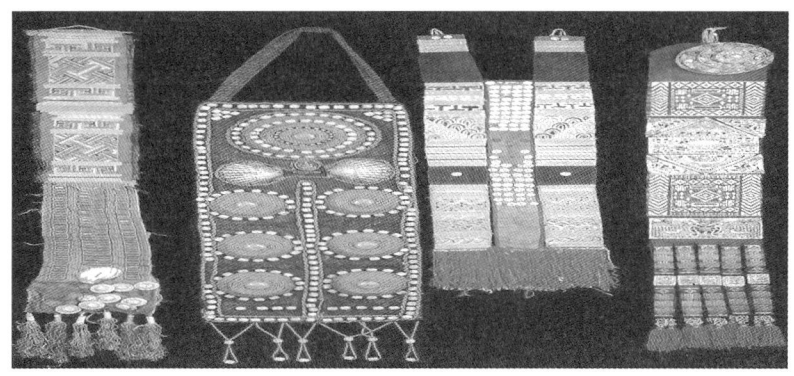

图6-111 藏族服饰

图6-112 藏族服饰

图 6 – 113　藏族服饰

从图中看到的数学元素

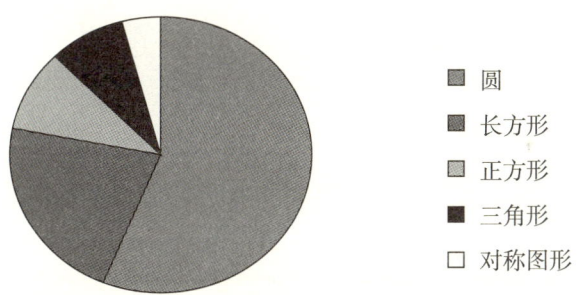

■ 圆
■ 长方形
■ 正方形
■ 三角形
□ 对称图形

图 6 – 114　学生认识的数学元素

从调查结果看，学生认识的藏族服饰主要是藏袍、藏帽、围腰和佩饰。从藏族服饰看到最多的数学元素是圆、长方形、正方形、三角形等，同时也看到藏族服饰具有对称美。这说明，学生热爱本民族服饰，也能用数学的眼光看民族服饰。该调查表明，在小学数学教学中融入民族数学文化，学生是有基础的，是可以在课堂教学中实施的。

6.5.5　把藏族文化融入小学数学教学中的案例

选择迪庆州德钦县某小学六年级学生，在对学生学习状况进行了解，与教师和学生交流后,以圆的复习一课为例,按照德钦县某小学课堂教学四单元设计表专用格式设计教案,并进行藏族服饰融入小学数学教学的实践。见表6-2至表6-4,图6-115至图6-120。

表6-2 教学分析部分

课题	圆(复习)			
教材	数学学科　人教版六年级上册　第五单元			
课时	1课时			
任务分析	教学点分析	前提性知识点	本册教材学习知识结构	
		1. 认识圆的特征 2. 认识关于圆的一些计算	1. 能区分半径和直径 2. 能区分周长和面积	
	学生基础	认识圆及其相关知识	教学起点	直观感知圆
			本节终点	能正确计算圆的半径、直径、周长和面积
	其他			
教学重点	认识圆及其特征			
教学难点	圆的周长和面积公式的推算			
教学目标	1. 加深对圆的认识 2. 巩固对圆的半径、直径、周长和面积的计算			
产出	通过掌握圆的半径、直径、周长和面积的计算方法,从而解决教学难点			
课前准备提示	PPT、教案			

表6-3 教学过程——课堂教学

环节时间	教师活动	学生活动	内容和目标提示
2分钟	1. 课件出示主题图,请同学们仔细观察,说说图中四顶藏族帽子中有什么共同的数学图形 2. 课件出示,这幅藏族服饰图中的这些图形都是什么 3. 引出课题:本节课我们来复习圆的知识(板书:圆)	1. 找出课件中共同的数学图形,汇报(圆) 2. 学生汇报(都是圆) 3. 倾听	利用藏族帽子、藏袍引出圆的复习,增加学生的学习兴趣
10分钟	1. 出示课件,圆里有什么 2. 圆心、半径和直径可以用哪些字母表示 3. 圆心、半径和直径跟圆有什么关系 4. 给出问题:同一个圆或相等圆中,直径是半径的( )倍,强调半径与直径的关系必须是在同一个圆或相等圆中 5. 提问:圆是一种什么样的图形 6. 问:知道圆的半径为r,圆的直径、周长和面积怎样表示	1. 学生汇报(圆心、半径、直径) 2. 圆心用"o"表示,半径用"r"表示,直径用"d"表示 3. 圆心确定圆的位置,半径或直径确定圆的大小 4. 学生汇报(2倍),并倾听 5. 回答(圆是平面上的一种封闭的曲线图形) 6. 学生汇报(直径:$d=2r$,周长:$c=2\pi r$,面积$s=\pi r^2$)	复习圆的相关知识

续 表

环节时间	教师活动	学生活动	内容和目标提示
15分钟	1. 课件出示（藏式手镯）图片，给出手镯的圆心 o 和半径 $r=3cm$，请同学们计算手镯的直径、周长和手镯构成圆的面积（请两位同学到黑板上完成，其他同学在作业本上完成） 2. 批改黑板上的计算，错的集体订正，对的给予表扬	1. 学生完成习题（直径：$d=2r=2×3=6cm$，周长：$c=2πr=2×3.14×3=18.84cm$，面积：$s=πr^2=3.14×3^2=28.26cm^2$） 2. 学生认真观察有无错误，错的集体订正	呈现藏族手镯，要求学生求出周长和面积，体现所学知识的运用价值
10分钟	1. 课件出示（藏族头饰），问：可以把它看成什么 2. 我们可以把它看成是一个圆环，给出圆环图（小圆半径 $r=5cm$，大圆半径 $R=6cm$）请同学们求出圆环的面积（请两位同学到黑板上完成） 3. 批改黑板上的计算，错的集体订正，对的给予表扬	1. 学生汇报（圆、圆环） 2. 学生完成习题：$s=πr^2$ $s_{大}=3.14×6^2=3.14×36=113.04（cm^2）$ $s_{小}=3.14×5^2=3.14×25=78.5（cm^2）$ $s_{圆环}=s_{大}-s_{小}=113.04-78.5=34.54（cm^2）$ 3. 学生认真观察有无错误，错的集体订正	呈现藏族头饰，要求学生求出圆环的周长，再次体现圆知识的价值
3分钟	给出练习，请同学们回答	完成练习，集体订正	巩固所学知识

表6-4 板书、课后活动设计

分 类	设计内容
板书设计	圆（复习） 圆心（o）　　　　　　　　　　半径 = r 圆→半径（r）　　　　　　　　直径：d = 2r 　　　直径（d）　　　　　　　　周长：c = 2πr 　　　　　　　面积：s = πr
课后达标作业	判断题 （1）圆周率π就是3.14 （2）圆的半径扩大到原来的2倍，周长和面积也扩大到原来的2倍 （3）半径相等的两个圆周长相等 （4）两个圆的直径相等，它们的半径也一定相等 （5）用四个圆心角都是90°的扇形，一定可以拼成一个圆
课后反思	1. 要敢于跳出教材，走出教材 2. 细节设计不够全面 3. 教学经验和课堂经验都有所不足

图6-115　藏族帽子

图6-116　服饰中的圆

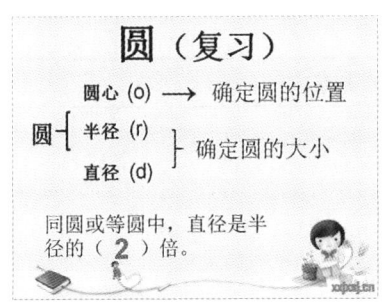
图 6-117　圆的复习

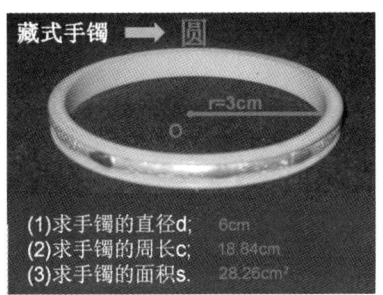
图 6-118　手镯中的圆

图 6-119　圆的判断题

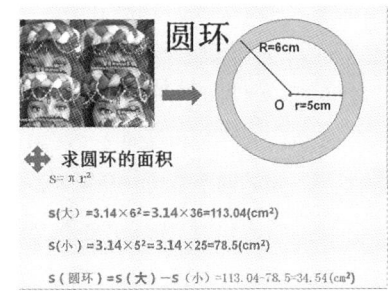
图 6-120　圆环

综上，云南少数民族文化中蕴含着丰富的数学元素，挖掘其中蕴含的数学元素，探析民族文化和数学文化的共通性，有利于民族文化的传承，丰富民族数学的内涵，促进多元文化的健康发展。民族数学文化的小学数学课程资源开发与利用，可以为改进少数民族地区的小学数学教学提供参考。

第7章 把民族数学文化融入小学数学课堂教学中

数学文化应用的有效性要经过课堂实践的检验。民族数学文化融入小学数学课堂教学是民族地区数学教学的一个鲜明特色。本章对民族地区民族数学文化在小学数学教学中应用的课例进行分析,包括民族数学文化的教学内容、教学环节、呈现方式、运用水平、文化功能等,并列举一些典型教学案例。

7.1 民族数学文化在小学数学教学中的运用分析

7.1.1 研究对象

在云南德宏、大理、楚雄、丽江等少数民族地区,一些小学数学教师进行了民族数学文化融入小学数学教学的实践。本研究收集到33个教学案例,以德宏民族地区为主,含有部分已经发表的教学案例。[1][2][3] 对其中的民族数学文化教学进行考察和分析,以期深入了解民族地区小学数学课堂中数学文化教学情况。教学案例基本信息见表7-1。

---

[1] 杨庆舒,穆勒滚,申玉红,等. 德宏少数民族文化融入小学数学课堂的实践——以"数据收集整理"教学为例 [J]. 兵团教育学院学报,2017,27 (4):36-39.
[2] 杨庆舒,申玉红,穆勒滚. 阿昌文化融入小学数学课堂的教学实践——圆的认识教学设计 [J]. 德宏师范高等专科学校学报,2016,25 (4):126-129.
[3] 杨玉聪. 白族民俗数学融入小学数学教学的探索与实践 [D]. 昆明:云南师范大学,2018.

表 7-1 教学案例基本信息

编　号	教学课题	课程内容
1	认识轴对称图形	图形与几何
2	解决问题（归一问题）	数与代数
3	用平均数解决问题	统计与概率
4	圆的周长	图形与几何
5	图形的运动（三）	图形与几何
6	扇形	图形与几何
7	面积和面积单位	图形与几何
8	三角形的分类	图形与几何
9	长方形与正方形的面积	图形与几何
10	用除法两步计算解决问题	数与代数
11	三角形的特性	图形与几何
12	6 的乘法口诀	数与代数
13	长方体的认识	图形与几何
14	倍的认识	数与代数
15	长方形与正方形的面积	图形与几何
16	7 的乘法口诀	数与代数
17	对称轴	图形与几何
18	三角形的特性	图形与几何
19	三角形的内角和	图形与几何
20	租船问题	数与代数
21	圆柱的表面积	图形与几何
22	三角形的特性	图形与几何
23	白族数学语言	数与代数
24	白族儿童游戏中的数学	统计与概率
25	数字 3、5、7 的认识	数与代数
26	白族服饰、建筑中几何图形的认识	图形与几何
27	圆的认识	图形与几何

续 表

编　号	教学课题	课程内容
28	对称轴	图形与几何
29	比例	数与代数
30	数据收集整理	统计与概率
31	圆的认识	图形与几何
32	圆的复习	图形与几何
33	圆的认识	图形与几何

案例中相同的题目有些是某民族地区的同课异构，如三角形的特性、长方形与正方形的面积是德宏州某民族县教学竞赛的课题；有些是不同民族的教学，如圆的认识有三个案例，分别来源于阿昌族、纳西族和哈尼族；另外有老师自行设计的拓展课程，如白族数学语言，数字3、5、7的认识，白族儿童游戏中的数学，白族服饰及建筑中几何图形的认识等。

对所研究案例课程内容的分布情况进行统计，见表7-2。

表7-2　课程内容分布情况

课程内容	数与代数	图形与几何	统计与概率	总　计
数量（个）	9	21	3	33
百分比（%）	28.1	62.5	9.4	100

从表7-2可以看出，民族地区教师在将民族数学文化融入小学数学教学的实践中，"图形与几何"领域的课程内容涉及的最多，其次是"数与代数"，"统计与概率"的相关课程内容较少。

7.1.2　民族数学文化的内容分布

对案例中所涉及的民族数学文化的内容进行分类，统计结果见表7-3。

表7-3 民族数学文化的内容分布

民族数学文化	数量（个）	百分比（%）
民族服饰	41	39.4
民族建筑	18	17.4
民族风俗	15	14.4
民族音乐	13	12.5
民族手工艺品	12	11.5
民族发展史	5	4.8
总计	104	100

从表7-3可以看出，所选取的33个案例一共有104个民族数学文化内容。总体看来，案例中渗透的民族数学文化内容较为丰富，使用较多的民族数学文化内容依次是民族服饰、民族建筑、民族风俗、民族音乐、民族手工艺品和民族发展史。民族服饰有丽江白族妇女的有"披星戴月"图案的披肩、大理鹤庆白族头饰、藏族的帽子等；民族建筑如大理三塔、白族民居三坊一照壁、民族特色的格子门窗等；民族风俗包含民族节日、民族饮食、民族游戏，如景颇族"目瑙纵歌节"、傣族泼水节、白族三道茶等；民族音乐包含民族歌舞、器乐，如景颇族集各舞蹈于一体的"目瑙纵歌"、白族民歌、哈尼族月琴等；民族手工艺品如景颇族传统的工艺"织锦"、银泡泡、剑川木雕、藏族手镯等；民族发展史包括彝族十月太阳历、民族语言文字等。

在民族服饰和民族建筑中有很多的几何图案，如圆、平行线、三角形、矩形等，这些图案在少数民族文化中的表现更为直观，为把民族数学文化融入小学数学教学中提供了素材，因此，对于课程内容的分布，图形与几何中民族数学文化的内容最多。同时，大多少数民族都有本民族所独有的服饰和建筑，这使得民族数学文化素材更易挖掘，在课堂教学中融入存在一定的优势。

7.1.3 民族数学文化的教学环节

对案例进行归纳和整理后，将教学案例在教学过程中的各个环节，具体划分为"导入、讲授新课、巩固与联系、小结、作业"五个环节。由于个别数学文化内容在不同环节均有运用,因此其数量比上面统计的多出 16 个。

从表 7-4 可以看出,民族数学文化内容在导入、讲授新课、巩固与练习、小结以及作业五个环节中均有运用。民族地区教师在导入和讲授新课两个环节运用次数较多,其次是巩固与联系、小结环节,作业布置时运用最少。这说明民族地区教师比较重视将民族数学文化融入整个课堂教学中,不仅在导入时运用民族数学文化,还把相关素材贯穿在新内容教授之中,这对于提高学生的学习兴趣、传承民族文化都有很大的帮助。

表 7-4 民族数学文化的教学环节分布

教学环节	导 入	讲授新课	巩固与练习	小 结	作 业	总 计
数量(个)	50	38	16	13	3	120
百分比(%)	41.7	31.7	13.3	10.8	2.5	100

7.1.4 民族数学文化的运用水平

案例中民族数学文化运用水平,见表 7-5。数学文化内容有多种运用方式时,归为最高层次的运用方式。

表 7-5 民族数学文化的运用水平分类

类 别	数量(种)	百分比(%)
外在型	17	16.3
可分离型	32	30.8
不可分离型	55	52.9

可以看出,在民族数学文化运用方式的水平上,内在型占比超过 80%,其中大多数是不可分离型,这说明民族地区教师教学中运用民族数学文化常常是内在不可分离型的。民族地区教师搜集民族服饰、民族建筑、民族风俗等中的民族数学文化内容后,将其与数学问题有机结合,引导学生运用数学知识解决具体的民族文化问题,让学生在接受民族文化的同时理解和掌握数学知识,因而两者不可分离,这与教师在导入和讲授新课两个环节运用次数较多相吻合。

民族数学文化在教学中的渗透,有显性和隐性两种呈现方式。通过对具体案例的分析,发现教师在小学数学教学中几乎都是直接呈现民族文化素材,即为显性呈现方式,而呈现隐形方式的则很少。在实践教学中,教师需要根据教材的逻辑结构、学生的学习心理、民族文化素材的特点,重构教学设计,充分体现民族数学文化的价值。这表明,民族地区小学数学教师在民族数学文化的运用上还有很大的提升空间。

7.1.5 民族数学文化的教学功能

Dickenson - Jones 基于数学教材与文献的分析,提出了数学文化在数学教材中的功能。[①][②] 本书在此基础上,将民族数学文化的教学功能分为:提供背景性情境、提供应用性情境、拓展数学思维与方法、促进数学与民族文化交融、体验民族文化五方面。对案例中民族数学文化的功能统计见表7-6:

表7-6 民族数学文化的教学功能

民族数学文化的教学功能	提供背景性情境	提供应用性情境	拓展数学思维与方法	促进数学与民族文化交融	体验民族文化	总计
数量(个)	42	21	4	35	2	104
百分比(%)	40.4	20.2	3.8	33.7	1.9	100

由表7-6可知,案例中通过民族数学文化来"提供背景性情境"的最多,有42处,占到了总数量的40.4%。也就是说民族地区教师在运用民族数学文化时,大多是将民族文化素材作为学校数学学习的背景性素材,不要求学生投入背景素材本身的学习。如案例19中,所选用的民族文化素材"阿昌族服饰"是作为学习"三角形的内角和"的一个背景性素材。

其次,民族数学文化用来"促进数学与民族文化交融"有35处,占比

---

① 唐恒钧,张维忠,李建标,等. 澳大利亚数学教材中的数学文化研究——以"整数"一章为例 [J]. 数学教育学报,2016,25 (6):42-45.

② Dickenson - Jones A. Transforming Ethno Mathematical Ideas in Western Mathematics Curriculum Texts [J]. Mathematics Education Research Journal, 2008, 20 (3): 32-53.

33.7%。"促进数学与民族文化交融"是要求学生通过体验民族文化与学校数学之间的联系,从而建构起学校数学与民族文化实践间的关系。如案例1将景颇族的服饰、头饰,傣族的建筑、象脚鼓等轴对称图形,与轴对称图形的认识有机融合,实现了数学学习与民族文化的交融。

利用民族数学文化"提供应用性情境"的有21处,占20.2%。"提供应用性情境"则需要学生参与一些民族文化实践,让学生意识到学校数学的作用。如案例4中,彝族太阳历广场场地呈圆状,分三台,下台直径72米,中台直径54米,上台直径36米,求围绕上、中、下台走一圈分别要走多少米?用数学知识解决问题,以此体会数学的作用。

另外,民族数学文化用来"拓展数学思维与方法"的有4处,占3.8%。如案例24将白族游戏同统计与概率知识相联系,运用简单的统计与概率知识去解释、判断民族游戏规则的公平性与否,学生以此掌握简单修改或设计游戏规则的方法、能力,从而达到拓展学生数学思维的作用。

从民族数学文化中"体验民族文化"的仅有2处,占1.9%。"体验民族文化"即要求学生投入民族文化实践中,主要是让学生经历这种民族文化实践而不是数学学习。案例25中,在导入时加入了哼唱"白族调"的环节,这里哼唱"白族调"的功能在于对白族文化的体会和认识,与数学学习无关。

进一步分析不同类型民族数学文化的教学功能发现,民族服饰首先以提供背景性情境和促进数学与民族文化交融功能为主,其次是提供应用性情境;民族建筑更多的是促进数学与民族文化的交融;民族风俗和民族音乐主要用于提供背景性情境;民族手工艺品主要提供应用性情境,也用于促进数学与民族文化的交融和提供背景性情境;民族发展史数量不多,侧重于拓展数学思维与方法。见表7-7和图7-1。此外可以看出,提供背景性情境和促进数学与民族文化交融的功能在各类型民族数学文化中均有体现,而体验民族文化的功能仅在民族音乐中体现出来。总体来看,教学案例较为丰富地展现了民族数学文化的教学功能,不同类型的民族数学文化在功能的运用上有各自的定位。

表7-7 不同类型民族数学文化教学功能的数量 （单位：个）

教学功能	民族服饰	民族建筑	民族风俗	民族音乐	民族手工艺品	民族发展史
提供背景性情境	15	4	10	9	3	1
提供应用性情境	11	3	1	0	5	1
拓展数学思维与方法	0	0	2	0	0	2
促进数学与民族文化交融	15	11	2	2	4	1
体验民族文化	0	0	0	2	0	0

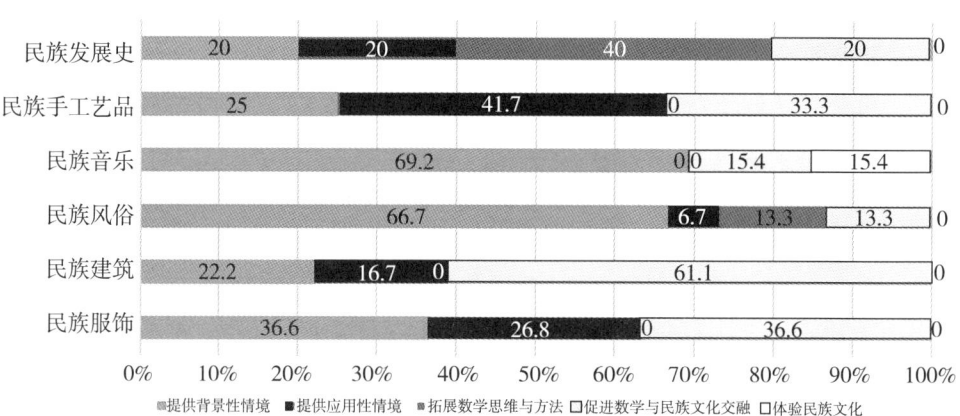

图7-1 不同类型民族数学文化教学功能的比例

7.2 案例1——解决问题

《解决问题（归一问题）》是人教版数学三年级下册第三单元中两位数乘两位数解决问题例4，本案例来自德宏州陇川县2016年小学数学优质课评选活动。

7.2.1 教学实录

教学目标：
1. 学会运用连除、乘除混合运算解决问题，初步学会分析问题的方法。
2. 在解决问题的过程中，体验解决问题策略的多样化。
3. 感受数学与生活的密切联系，增强数学的应用意识。

教学过程：

一、创设情境，引入新知

师：同学们，你们爱自己的家乡陇川吗？

生：爱。

屏幕上播放着景颇族目瑙纵歌盛会时欢快热闹的情境。

师：老师也爱陇川，我们陇川被誉为"目瑙纵歌之乡"，每年的正月十五陇川都要举办一次目瑙纵歌盛会，当天全县的各族人民身着盛装组成方块队，去参加这个隆重的盛会。今年我们第二小学也出了一个方块队，这节课就让我们走进方块队里去探究相关的数学问题吧。

板书：解决问题。

师：这节课我们有两个学习目标，大家一起来齐读一下。

生齐读：学习目标：1. 能运用连除、乘除混合两步计算解决问题；2. 在解决问题的过程中，体验解决问题策略的多样化，初步学会分析问题的方法。

二、获得新知

师：大家准备好了吗？

生：准备好了。

师：这就是我们第二小学的方块队，大家认真观察这幅图（见图7-2），你能读出什么数学信息？

生：方块队里有60人。

师：根据这个信息，同学们能否提出一个数学问题？

生1：不好提问。

生2：平均分成两个队，每队有多少人？

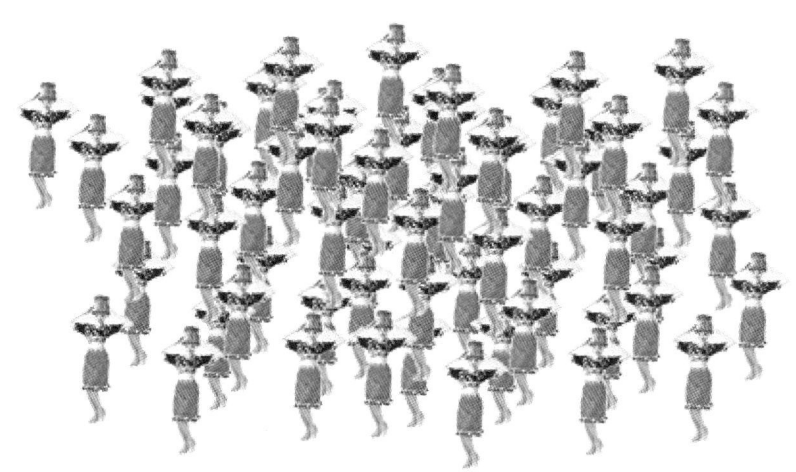

图 7-2　一个方块队

师：一个信息不好解决问题，像第一位同学所说，那我再给同学们提供一个信息（见图 7-3）。

图 7-3　两个方块队

师：现在已有两个信息，谁来提一个数学问题？

生：每队有多少人？

师：你们会解决这个问题吗？

生：会。

师：谁来解决一下这个问题。

生：60÷2＝30（人）

师：你能说说为什么要用除法吗？

生：因为总共有60人，要把他们分成两个队，所以要用除法。

师：如果老师再给你提供一个信息（见图7－4），请问你能提出什么数学问题呢？

生1：每组有多少人？

生2：第二小学方块队一共有60人，平均分成2个队，每队平均分成3个组，每组有多少人？

图7－4 两个方块队（每队3组）

师：你们会解决这个问题吗？请同学们拿出练习单，独立完成练习1。

学生独立完成，教师巡视。

师：现在开始小组交流，在小组里，各位同学说一说，想一想，能否用一种简单明了的方式把你们小组的想法表达出来？

学生进行小组合作，教师巡视。

师：哪个小组愿意跟大家汇报你们组的学习成果？

生：我们小组是这样想的，把60个人平均分成两个队，每个队有30人，再把30人平均分成三组，每组有10人。

小组汇报1：先说算式

　　　　　　解题思路

　　　　　　综合算式

师：请问同学们看得懂吗？

生：看得懂。

师：请问还有用其他方式来表达的小组吗？

生：我们组是这样表达的。

小组汇报2：交流解题思路（展示思路图）

　　　　　　交流计算方法

　　　　　　综合算式

老师根据这个同学的回答，把他的想法用一些符号和线段连接起来，绘成了以下"思路图"。

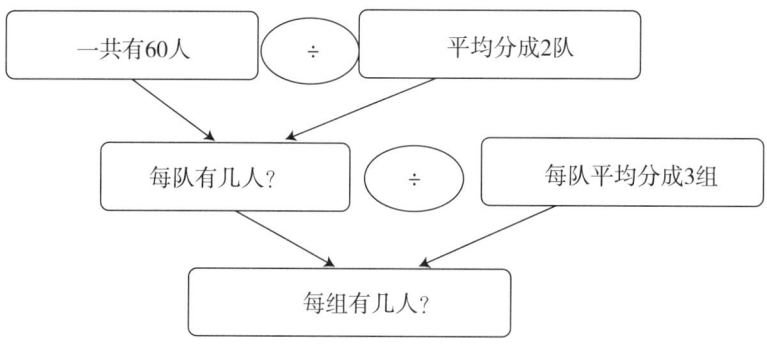

师：这"思路图"有什么好处？

生：易懂，一看就知道怎么做。

师：很好，我看到我们班同学中还有一种思路图，现在请她为我们展示一下。

学生上讲台进行展示。

生：我是这样想的，把圆圈比作人，一共有60人，平均分成两个队，每队有30人，把30人再平均分成三组，每组就10人。（每组的人数用大圆圈圈出来）

师：这种方法可以吗？

生：可以。

师：现在检查一下自己做得正确吗？

学生自我检查……

师：根据小组汇报两位同学的表达，我们应该怎样列算式？

生：$60 \div 2 = 30$（人）　　$30 \div 3 = 10$（人）

师：这算式可以吗？

生：可以。

师：哪位同学能列一个综合式呢？

生：60÷2÷3＝10（人）

师：对于这个问题，如果要算出每个组有多少人，首先要算什么？

生：首先要算每队有多少人。

师：真棒，大家回答得非常正确。

师：哦，我看到了有位同学的算法与这两种不同，请你跟大家分享一下。

生：3×2＝6（组）　　60÷6＝10（人）

师：60÷6＝10（人），这算的是什么？

生：一共有6个组，60除以6等于10人。

师：这算出来的代表什么？

生：算出来的代表每个组有多少人。

师：非常棒，谁能把这位同学的思路演示出来？

学生上黑板前摆卡片演示这位同学的思路图。

师：这个怎么列一个综合式呢？你念我来写。

生：60除以2乘3，打括号，等于10人。

师：括在哪？

生：括在2乘3。

板书：60÷（2×3）＝10（人）

师：请问不打这个括号可以吗？

生：不可以。

师：为什么？

生：因为不打括号的话，就会先算60除以2。

师：好，真聪明。

三、练习与归纳

师：同学们，请看黑板，刚才我们同学用了不同的思路来解决这个问题，算出来的答案都是每组10人，你认为这答案正确吗？

生：我觉得正确。

师：你怎么证明答案是正确的？

生：验算。

师：很好，验算能帮助我们快速判断答案是否正确，可这道题怎么验算？

学生沉默……

师：从答案中逆着想，谁会？

生：10乘3等于30，再用30乘2等于60。

师：10乘3等于30，这算出来的是什么？

生：每队有多少人。

师：30乘2等于60，这算出来的是什么？

生：两个队总共的人数。

师：这样验算可以吗？

生：可以。

师：这和题目中给我们的总人数是相等的，这说明我们的答案正确吗？

生：正确。

师：既然正确了，那我们下一步该做什么？

生：作答。

师：好，请这位同学来黑板前作答。

师：我们在解决完一个题目的时候，一定不要忘记进行回顾与反思。现在我们一起来回顾一下，解决一个应用题有哪些步骤？

师生交流……

总结：解决应用题的三个步骤：①阅读与理解；②分析与解决；③回顾与反思。

四、巩固与应用

师：现在我们运用这三个步骤来解决下面的实际问题。

师：我们的景颇族是一个好客的民族，接待贵宾的时候，通常会献上独具特色的"绿叶宴"，见图7-5和图7-6。请问同学们应用今天所学的知识，能帮贵宾们解决"绿叶宴"中的数学问题吗？请同学们拿出练习单，独立完成练习1。

练习1：3桌共花480元，一桌能坐8人，平均每人要花多少钱？

图7-5 绿叶宴　　　　　　图7-6 绿叶宴

学生独立完成，教师巡视。

师：请一个同学上来展示一下学习成果，好，你来。

生：我是这样想的，3桌共花了480元，那么用480元除以3等于160元，这是每桌花的钱，一桌能坐8人，再用160元除以8等于20元，平均每人要花20元。

师：和这位同学的思路是一样的请举手。

有四分之三的同学举起了手。

师：很好，谁能列出综合式？

生：480÷3÷8=20（元）

师：请问480÷3算出来的是什么？

生：每桌平均花多少钱。

师：那160÷8算出来的是什么？

生：每桌每人平均花多少钱。

师：很好，在解决这样的问题时，首先要算出什么？

生：先算出每桌花多少钱。

师：很好，我们景颇族还有一项传统的工艺"织锦"，每年目瑙纵歌时会举行"织锦"大赛，见图7-7和图7-8。现在请同学们来解决"织锦"大赛中的数学问题，完成练习单中的练习2。

练习2：师傅们3天共织了3米，照这样的速度，7天能织多少米？

图7-7 织　锦　　　　　　图7-8 织　锦

学生独立思考，教师巡视。

师：我请一个同学上来展示。

生：我是这样想的，3 除以 3 等于 1 米，再用 1 米乘以 7 等于 7 米。

师：同学们，有同学在和大家分享的时候，一定要认真听，因为听也是一种很好的学习方式。

师：请这位同学再讲一遍。

生：我是这样想的，3 天共织了 3 米，用 3 除以 3 等于 1 米，这算出了 1 天织 1 米，7 天能织多少米，用 1 米乘以 7 等于 7 米。

师：有不同的想法吗？

学生沉默……

师：这里有两个 3，一定要注意区分，我们是要用 3 米除以 3 天，这样算出来的才是每天织的米数，而不是用 3 天除以 3 米，大家做题的时候一定要认真仔细。

师：这位同学的算式是 $3 \div 3 = 1$（米），$1 \times 7 = 7$（米），你们的算式也是这样吗？

生：是。

师：算式是正确的，但是说思路的时候还要认真思考。

师：这个问题的综合算式是什么呢？

生：$3 \div 3 \times 7 = 7$（米）

师：我们解决这个问题时，首先要算出什么？

生：每天能织多少米。

五、小 结

师：请同学们全部放下笔，看黑板，这节课我们解决了三个问题，第一个是每队有多少人，第二个是每人花多少钱，第三个问题是 7 天能织多少米，像这样的问题，我们称其为"归一"问题，在我们生活中会经常遇到"归一"问题，我们学习了用数学方法来解决景颇族文化中的实际问题，今天你们学会了吗？

生：学会了。

师：你们具体说说，这节课学会了什么？

生1：我学会了用除法来解决问题。

生2：我学会了乘法和除法可以解决"归一"问题。

生3：我学会了写综合算式。

师：今天同学们的收获真多，这节课我们利用数学知识解决了景颇族文化中的很多实际问题，除此之外景颇族的建筑、服饰、饮食文化也隐藏了很多的数学知识，这需要同学们善于去发现。

老师一边说一边展示图7-9至图7-13。

图7-9 景颇族的建筑

图7-10 景颇族的建筑

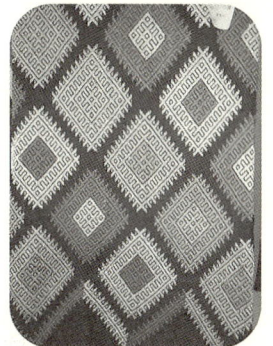
图7-11 景颇族的服饰

图7-12 景颇族的建筑

图7-13 景颇族的服饰

7.2.2 民族数学文化分析

本案例主要是基于景颇族民族数学文化进行设计，教学过程中涉及了民族节日（目瑙纵歌会）、民族工艺制作（景颇族织锦）、民族饮食（景颇族绿叶宴）、民族建筑和民族服饰5类相关民族数学文化内容。景颇族的数学文化贯穿于整个课堂教学。导入部分通过播放目瑙纵歌盛会的情境，让学生在欢乐且熟悉的氛围中进入学习状态，此处"景颇族目瑙纵歌会"与所要学习的数学内容无关，属于外在型的运用水平，其功能主要是为数学学习提供背景性情境，新授课就在此情境中展开。在巩固应用部分，案例将景颇族接待贵宾时独具特色的"绿叶宴"以及景颇族"织锦"中所涉及的问题与数学连除和乘除混合运算问题进行有机结合，让学生认识到民族文化实践与学校数学之间的联系，体会数学学习的作用。这里景颇族"绿叶宴"和"织锦"素材的运用水平属于不可分离型，教学功能属于提供应用性情境。在课堂最后的小结部分，教师展示了景颇族的建筑以及服饰，提供背景性情境的同时引导学生发现其中的数学知识。

7.3 案例2——圆的周长

"圆的周长"是人教版义务教育课程标准实验教科书数学六年级上册62～63页的内容。本案例来自楚雄彝族自治州武定县2018学年青年教师课堂教学竞赛。

7.3.1 教学实录

教材分析：

"圆的周长"这节课是以四边形的周长知识为认知基础的，通过"圆的认识"来了解和掌握"圆的周长"，为学习"圆的面积"奠定基础。圆作为重要的几何图形是小学几何初步知识的重要教学内容。"圆的周长"这部分内容，是在学生认识并掌握了圆的特征以及长方形、正方形等图形周长的基础上教学的，学生已经认识了圆的半径与直径的关系，同时学生已经会计算一些基本的平面图形的周长。因此本节课主要是要让学生通过量一量、算一算、比一比等动手操作活动，经历和体验知识的形成过程。

教学目标：

1. 掌握圆的周长概念和计算公式，并能够正确运用，理解圆周率的意义。
2. 通过实际操作、观察和分析，培养学生的动手操作能力和抽象概括能力。
3. 介绍古代数学家祖冲之对圆周率的研究事迹，让学生对数学文化相关知识有更直观和更深的体验。

教学重点：理解和掌握圆周长的概念和计算方法。

教学难点：理解圆周率的意义。

教学过程：

一、创设情境，揭示课题

师：同学们，你们去过彝族十月太阳历文化园吗？

生：去过，就在楚雄。

师：坐落在我们楚雄的彝族十月太阳历文化园是我国唯一的一座彝族文化园，它以展示彝族历史文化、十月太阳历、民族民情与建筑等为主。文化园中的彝族太阳历广场是其标志性建筑，它呈圆状，分三台，下台直径72米，中台直径54米，上台直径36米。见图7-14和图7-15。围绕着太阳历广场的上、中、下三台分别走一圈，至少要走多少米？

图7-14　彝族十月太阳历文化园

图7-15　彝族十月太阳历广场

师：要想知道围绕一个圆走一圈至少要多少路程，这就是要算圆的什么？

生：周长。

师："圆的周长"（板书）就是我们这节课要一起学习的内容，围成圆的曲线的长叫做圆的周长。现在我们了解了什么是圆的周长，那该怎么求出圆的周长呢？见图7-16。

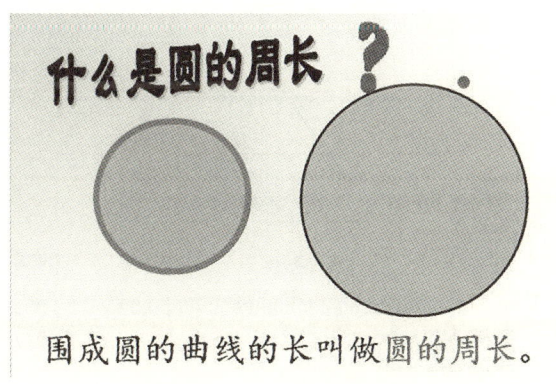
图7-16　圆的周长

师：在探讨如何计算圆的周长前，我们一起来完成问题生成单 1，见表 7 - 8。

表 7 - 8　问题生成单 1

我知道	1. 平面图形的周长是指：围成平面图形的几条（　　　）的（　　　） 2. 长方形的周长 = ＿＿＿＿＿＿＿，用字母表示是：＿＿＿＿＿＿＿＿ 　　正方形的周长 = ＿＿＿＿，用字母表示是：＿＿＿＿＿＿＿ 3. 在同一个圆中，半径与直径的关系是：直径是半径的（　　　），用字母表示是（　　　）；半径是直径的（　　　），用字母表示是（　　　）

教师检查学生问题生成单 1，着重复习在同一个圆中直径与半径的关系，以及它们的数学符号。

二、组织学生探究圆周长的计算方法

1. 组织学生交流：测量圆的周长的方法。

师：怎样测量出圆的周长呢？

生：因为不是直线不好测量出来。

师：是呀，那可不可以把曲线变成直线呢？动动脑筋试一试。

教师出示以下课件，总结：我们可以用绕线法和滚动法来测量圆的周长，见图 7 - 17。

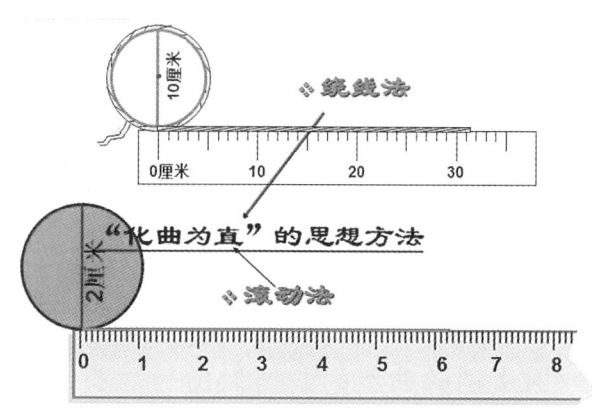

图 7 - 17　化曲为直思想

师：我们可以用绕线法和滚动法来测量圆的周长，那么除了这两种方法还有没有更简便的方法来算出圆的周长呢？

生：可以找出圆周长的计算公式。

师：是呀，在生活中很多时候我们无法用滚动法或者绕线法去测量，那么，要知道圆的周长的计算方法，我们需要了解圆的周长与什么有关？见图7-18。现在请大家拿出圆规，画出几个大小不一的圆。

2. 组织学生观察圆，了解圆的周长与什么有关

学生按教师要求画出几个大小不同的圆，并标注上圆的半径。

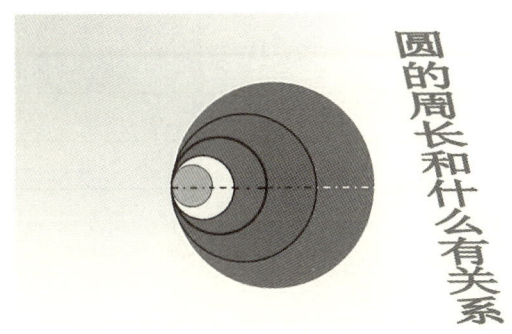

圆的周长与<u>直径（或半径）</u>有关

图7-18　周长与半径的关系

师：通过画不同大小的圆，你发现了圆的周长与什么有关？

生：半径/直径。

师：半径/直径越大，圆的周长越_____

生：大/长。

师：通过实际操作，我们知道圆的周长与直径（或半径）有关。具体有什么样的关系我们继续探讨，现在小组一起合作完成问题生成单2。见表7-9。

表 7-9 问题生成单 2

我会操作、我会观察	1. 画出几个大小不同的圆，观察思考：圆的周长与圆的（　　）有关，圆的大小取决于圆的（　　）或（　　）。圆的直径越长，圆就越（　　），圆的周长也就越（　　） 2. 找 3 个表面有圆形的物品或用卡纸剪出 3 个大小不同的圆，动手操作并填写下面表格 （1）先测量出圆的直径和周长 （2）计算出所测量出的圆周长与直径的比值 | 物品名称	圆的周长	圆的直径	圆的周长与直径的比值（保留两位小数）
---	---	---	---
				  （3）观察上面表格中"圆周长与直径的比值"，我发现：圆的周长总是直径的（　　）倍多一些

3. 探究圆的周长与直径的关系

（1）出示小组合作学习要求：在小组内汇报自己计算出的圆周长与直径的比值。观察这些比值，在小组内讨论交流：这些比值有什么变化规律？

（2）组织开展小组合作学习活动，教师巡视指导。

（3）指名汇报展示学习成果。

（4）引导学生观察比较，发现圆周长与直径之间的关系。

师：通过计算，你发现圆的周长与直径的比值有什么特点？

生：不管圆大或者是圆小，比值都接近。

师：是多少呢？

生：3 倍多一些。

师：谁能再把刚才的话完整地说一遍？

生：不管圆大或圆小，圆的周长总是圆直径的 3 倍多一些。

师：你听得真仔细，真是个总结小能手。

第7章　把民族数学文化融入小学数学课堂教学中

4. 教师组织学生认识、理解圆周率

师：从问题生成单2中，我们了解到在同一个圆中，圆的周长和直径是什么关系？

生：圆的周长总是直径的3倍多一些。

师：通过实际动手操作，我们发现圆的周长与直径的比值是一个固定的数，我们把它叫做圆周率，用字母π表示。见图7-19。

> 圆的周长总是直径的 __3__ 倍多一些。
>
> 圆的周长与直径的比值是一个固定的数。我们把它叫做圆周率，用字母π表示。
>
> π＝3.141592653……
>
> π是一个无限不循环小数。
>
> π≈3.14

图7-19　圆周率

师：你们知道吗？其实早就有人研究了周长与直径的关系，有一位数学家在1500年前就把圆周率精确到小数点后6-7位。你们想知道他是谁吗？

生：想。

师：现在，请同学们打开课本63页继续来了解这一伟大的数学家。

教师介绍"你知道吗？"栏目祖冲之与圆周率的故事。具体见图7-20。

师：这位数学家是谁？

生：祖冲之。

师：你对祖冲之还有哪些了解呢？

> **你知道吗？**
>
> **祖冲之与圆周率**
>
> 约2000年前，中国的古代数学著作《周髀(bì)算经》中就有"周三径一"的说法，意思是说圆的周长约是它的直径的3倍。
>
> 约1500年前，中国有一位伟大的数学家和天文学家祖冲之，他计算出圆周率应在3.1415926和3.1415927之间，成为世界上第一个把圆周率的值精确到7位小数的人。这一成就比国外大约要早1000年。现在人们用计算机算出的圆周率，小数点后面已经达到上亿位。

图7-20　祖冲之

生：他从小就爱读书，他和他儿子一起写了《缀术》。

师：你真是个博学的孩子，《缀术》汇集了祖冲之的数学研究成果。祖冲之，是我国古代杰出的数学家、天文学家。他一生钻研自然科学，其主要贡献在数学、天文历法和机械制造三方面，他是世界上第一个把圆周率精确到小数点后6-7位的人。

师：读完以后你有什么感受？

生：我国古代数学家真厉害，在没有计算器的情况下就把圆周率算得这么准确。我们也要好好学习古人这种刻苦钻研的精神。

师：是啊，古人尚且如此，今天有这么好的学习环境和条件，我们更应该有这种钻研精神。

5. 组织推导圆周长的计算公式。

师：通过实验，我们发现圆的周长总是直径的 3 倍多一些，我们把这个数叫做圆周率，用字母 π 表示，它是一个无限不循环小数，在实际运用中我们通常取它的近似值 π≈3.14。现在能试着总结出圆的周长公式吗？

生：圆的周长等于 π 与直径的积。

师：你能用数学符号表示出来吗？

生：$c = \pi d$

师：如果知道半径，该怎么求圆的周长呢？

生：$c = 2\pi r$

师：所以圆的周长计算公式为：$c = \pi d$ 或 $c = 2\pi r$

6. 实际运用

师：现在，你能算出我们刚开始提出的问题了吗？想一想，试一试。

彝族十月太阳历文化园中的彝族太阳历广场是其标志性建筑，它呈圆状，分三台，下台直径 72 米，中台直径 54 米，上台直径 36 米。围绕着太阳历广场的上、中、下三台分别走一圈，至少要走多少米？

生：能。$c = \pi d$，$c_{上} = 72\pi$ $c_{中} = 54\pi$ $c_{下} = 36\pi$

师：通常情况下，我们要把 π 用近似值 3.14 表示出来，所以你们再完善一下计算就会更好。

生：$c_{上} = 72 \times 3.14 = 226.08$（米），$c_{中} = 54 \times 3.14 = 169.56$（米），$c_{下} = 36 \times 3.14 = 113.04$（米）。

师：通过刚才的学习，你学会了什么？你还有哪些不懂的问题？

生：我学会计算圆的周长。

生：所有圆的圆周率都一样大吗？

师：这个问题问得真好，圆周率是怎么算出来的？

生：在同一圆中，圆周率是圆的周长和直径的比值。

师：根据比的性质，谁能说说所有圆的圆周率都是一样大吗？

生：因为大圆的周长长，直径大，小圆的周长短一些，直径也小一些，根据比的性质，分子分母同时扩大或者缩小，比值不变。

师：总结的真好，因为圆周率是圆周长与直径的比值，所以不管大圆还是小圆，圆周率都是 π。下面我们来闯关挑战，看看你能闯到第几关。

三、巩固练习

师：我们一起看看关于圆的一些知识（出示课件图）。

练习1：判断对错，并说明原因。

(1) 圆周率就是圆的周长和直径的比值。

(2) 圆的直径越长，圆周率越大。

(3) 两个圆的周长相等，那么这两个圆的直径也相等。

(4) 大圆的圆周率比小圆的圆周率大。

师：圆的直径越长，圆周率越大，对吗？

生：不对，因为圆周率是圆的周长和直径的比值，是一个固定的数。

师：两个圆的周长相等，那么这两个圆的直径相等，对吗？

生：对，因为圆的周长与直径有关。

师：用字母表示出来就是 $c = \pi d$。

师：大圆的圆周率比小圆的圆周率大？

生：错的，因为圆周率是一个固定的值。

师：全班声音整齐、洪亮，这题我们刚才讲过。我们再来看下一题。见图7-21。

师：注意看图中的字母，想一想刚才所学内容，并独立把算式写出来。做完请举手。你是怎么算的？

生：$c = \pi d = 3.14 \times 4 = 12.56$

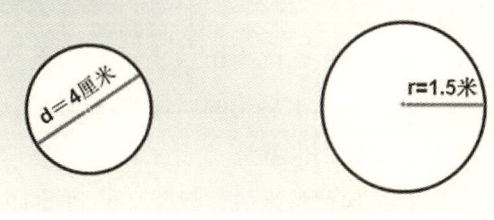

图7-21 圆的周长巩固练习2

师：一定不要忘记写单位，请你再说一遍你是怎么算的。

生：$c = 3.14 \times 4 = 12.56$（厘米）

师：及时改正错误也是一种好习惯（板书算式）。右边这个圆我们知道什么条件，又该怎么算周长呢？

生：我们知道圆的半径，所用公式 $c = 2\pi r$，也就是 $c = 2 \times 3.14 \times 1.5 = 9.42$（米）

师：你真细心。在我们的生活中哪些地方会运用到圆的周长呢？我们一起看看这一题，见图 7-22。

这辆自行车后轮转一圈，大约可以走多远？（结果保留整米数。）
小明家离学校1km，骑车从家到学校，轮子大约转了多少圈？

图 7-22 圆的周长巩固练习3

师：大家先读一遍题目。"自行车后轮转一圈，大约可以走多远？"这句话要算出什么？

生：要算出后轮的周长。

师：我们要算出后轮的周长。谁来试一试？

生：$c = 2\pi r$，也就是 $c = 2 \times 3.14 \times 33 = 207.24 \text{cm}$

师：结果保留整米数，就是 2m。我们再来看第二个问题，轮子大约走了多少圈？注意换算单位。

生：$1\text{km} = 1000\text{m}$，$1000 \div 2 = 500$（圈）

师：真棒！还要记得作答。我们再来闯智慧城堡的最后一关，见图 7-23。

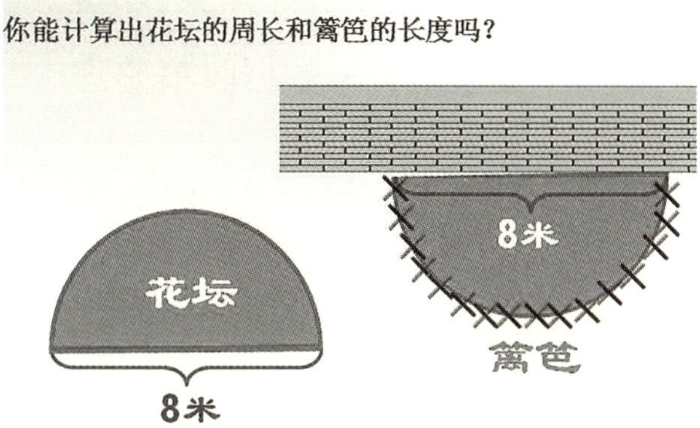

你能计算出花坛的周长和篱笆的长度吗?

图 7-23 圆的周长巩固练习 4

学生独立完成该题,教师巡视并给予不会做的学生指导。通过学生答题情况了解到学生的掌握情况,并及时进行评价。

四、课堂小结

师:这节课你学会了什么?

生:我学会了求圆周长的公式,还知道了可以用绕线法和滚动法来测量圆的周长。

师:这两种方法就是我们数学中的"化曲为直",同学们在生活中也会遇到很多问题,我们要善于动脑,转换思想,从多方面来解决问题。

7.3.2 民族数学文化分析

本案例中教师以我国唯一的一座彝族文化园——彝族十月太阳历文化园为学生创设了一个具体生动情境,在导入和新课部分充分利用了这一民族文化素材。导入通过"围绕着太阳历广场的上、中、下三台分别走一圈,至少要走多少米"引出圆周长的概念,把抽象的知识具体化,让学生更容易接受,同时有利于学生更多去了解和认可其民族文化。新授课部分,教师适时运用数学史,把圆周率与我国古代伟大的数学家祖冲之联系到一起,展现出了我国古代辉煌的数学成就,让学生对数学文化相关知识有了更多了解,激发学生学习兴趣,同时也增强了学生的民族自豪感。学生在学习圆的周长计算公式之后,解决了导入部分彝族太阳历广场的相关数学问题,充分体现了数学的作用。

7.4 案例3——数据收集整理

"数据收集整理"是人教版小学数学二年级下册第一单元2-3页的教学内容。本案例来自德宏州陇川小学数学教师杨庆舒教学课例。

7.4.1 教学实录[①]

教学目标：

(1) 经历数据的收集、整理、描述和分析的过程，学会用简单的方法收集和整理数据。

(2) 体会统计的意义，能根据统计图表中的数据提出并回答简单的问题，并能够进行简单的分析。

(3) 通过对学生熟悉的有关民族文化的调查，树立学生的民族团结意识，增强民族自豪感；激发学生的学习兴趣和自信心，培养学生的合作意识。

教学重点：使学生初步认识简单的统计过程，体验数据收集、整理、描述和分析的过程。

教学难点：能根据统计表中的数据提出问题、回答问题，同时能够进行简单的分析。

教学过程：

一、情境引入

师：同学们，我们美丽富饶的家乡——德宏陇川县是一个多民族聚居的地方。你知道有哪些少数民族吗？

生：傣族、景颇族、阿昌族、傈僳族、德昂族……

师：陇川这片沃土上居住着很多种少数民族，他们有着各自独特的服饰和民族习俗，其中傣族、景颇族、阿昌族、傈僳族、德昂族是我们德宏的五个世居少数民族。下面是这五个民族的服装图片，你能分辨出来吗？（逐一出示图片，让学生辨认，见图7-24至图7-28）

[①] 杨庆舒，穆勒滚，申玉红，等．德宏少数民族文化融入小学数学课堂的实践——以"数据收集整理"教学为例 [J]．兵团教育学院学报，2017，27 (4)：36-39.

图 7-24　景颇族

图 7-25　傣族

图 7-26　阿昌族

图 7-27　德昂族

图 7-28　傈僳族

师：你最喜欢哪个民族的服装？

生1：我喜欢景颇族服装。

生2：我喜欢阿昌族服装……

师：如果要想知道本班同学喜欢这几种民族服装的各有多少人可以怎么办？

生：可以进行调查统计。

师：真了不起！其实调查统计的过程就是对数据进行收集与整理。今天我们就一起去学习数据收集整理。（板书课题：数据收集整理）

设计意图：新课标指出："在数学教学活动中，教师要创造性地使用教材，积极开发、利用各种教学资源，为学生提供丰富多彩的学习素材，提高教学效益。"本节课大胆创新，重选素材，以本地区五种世居少数民族服装引入，吸引学生的注意力，激发了学生的学习兴趣。同时让学生了解本地少数民族文化，增强民族自豪感，从小树立民族团结意识。

二、探究新知

(一)收集数据

师：刚才我们确定了要知道本班喜欢五种少数民族服装的各有多少人，需要调查统计，应该怎样调查呢？你有什么好的办法？(指名学生回答)

生1：我们可以采用举手数一数收集数据。

生2：还可以用画"√""○"作记号收集数据。

师：对，收集数据的方式多种多样，但要调查同学们最喜欢的少数民族服装人数，采用举手的方式既快速又简捷。下面我们就用举手的方式来进行调查。请听规则：每个人只能选最喜欢的一种民族服装，每当老师出示一种民族服装时，喜欢这种服装的同学就举手，好吗？

生：好。

师：现在我们开始举手调查。(课件逐一播放民族服装图片，同时选5名小助手数数、计数)

(二)整理数据

师：刚才同学们已经通过举手这种方式调查出喜欢各种民族服装的人数，为了便于观察和比较我们可以将收集的数据整理到下面的表格中(出示统计表，见表7-10)。师生共同完成统计表中的数据。

表7-10 某民族服装喜欢人数统计表

民族服装名称	景颇族服装	傣族服装	阿昌族服装	德昂族服装	傈僳族服装
人数					

(三)认识简单的统计表

师：同学们，刚才我们将统计后的结果用表格的形式展示出来，这种表格就是简单的统计表。仔细观察统计表，说一说，你看懂了什么？

生：第一行表示民族服装的名称，第二行表示喜欢各种民族服装的人数。

师小结：统计表可以帮助我们清楚地看出各种数据的多少。

(四)解决问题

(1)根据统计表中的信息，你能提出什么数学问题？(学生自由提问题并解决)

(2)根据统计表中的信息解决下面的问题。

①喜欢（　　）服装的人数最多；喜欢（　　）服装的人数最少。

②全班一共有（　　）人。

设计意图：以本地区五种世居少数民族服装为素材，让学生根据自己的意愿选择最喜欢的一种民族服装进行调查统计，亲历统计的全过程，达成了教学目标。同时，还培养了学生对家乡民族文化的热爱和向往之情。

三、巩固应用

（一）完成教材练习一的第1、2题。

（二）调查本班少数民族学生数，完成统计表并解决问题。见表7-11。

表7-11　本班少数民族学生人数调查表

少数民族	景颇族	傣　族	阿昌族	德昂族	傈僳族	……
人数						

（1）我们班少数民族学生中，（　　）族学生最多；（　　）族学生最少。

（2）我们班一共有（　　）个少数民族学生。

（3）通过对少数民族学生的调查统计，你想对少数民族同学说些什么？

设计意图：通过对本班少数民族学生的调查统计，了解班里少数民族学生所占的比例，体会统计在生活中的意义。同时，教育学生要关爱和团结少数民族同学。

四、小结提升

师：刚才我们调查了本地五种世居少数民族的服装，你觉得我们还可以从哪些方面调查了解本地的少数民族文化。

生：饮食、手工制品、民族节日……

师：同学们真是见多识广，对我们的少数民族文化了解真多。说到本地民族的饮食文化，你最喜欢吃什么？

生：阿昌族的过手米线、傣族的撒苤、景颇族的手抓饭……

（教师出示本地民族有特色的饮食图片，见图7-29至图7-31）

图 7-29　阿昌族过手米线　　图 7-30　傣族撒苤　　图 7-31　景颇族手抓饭

师：下面我们就以阿昌族的过手米线、傣族的撒苤、景颇族的手抓饭作为调查对象以小组为单位进行调查统计，并制成统计表。

学生 8 人为一组合作学习：（1）调查统计，制作统计表；（2）小组展示汇报。

设计意图：以本地少数民族较有特色的饮食文化为素材，让学生以小组为单位展开调查，再次经历统计的全过程。培养学生的合作意识，进一步了解统计的用途，同时对本地少数民族的特色文化还起到了很好的宣传作用。

7.4.2　民族数学文化分析

案例来源于德宏陇川县，包含了本地五个世居少数民族的民族文化素材，在导入、新课以及小结部分主要运用到了民族服饰和民族饮食。导入时，以本地区五种世居少数民族服装，吸引学生的注意力，激发学生的学习兴趣，让学生了解本地少数民族文化，同时为数据收集整理提供了背景性的情境。在新课环节，学生根据自己的意愿选择最喜欢的一种民族服装进行调查统计，亲历统计的全过程，民族服装的运用水平属于内在可分离型，不要求学生投入民族服装的学习，但是为数学学习提供了背景，引起了学生对家乡民族文化的热爱和向往之情。小结提升环节，以本地少数民族较有特色的饮食文化为素材，让学生以小组为单位展开调查，再次经历统计的全过程，民族特色饮食文化的运用也属于内在可分离型，为数学学习提供了背景，对本地少数民族的特色文化起到了很好的宣传作用。案例通过对学生熟悉的有关民族文化的调查，树立了学生的民族团结意识，增强了民族自豪感，同时激发了学生的学习兴趣和自信心。

7.5 结论与启示

基于对少数民族地区把民族数学文化融入小学数学教学中的案例分析,得出以下结论:

第一,教师所使用的民族数学文化内容较为丰富,其中使用最多的民族数学文化内容是民族服饰和民族建筑。教师教学中融入民族数学文化时,涉及最多的课程内容为"图形与几何"领域,其次是"数与代数",而"统计与概率""综合与实践"的相关课程内容较少。

第二,教师比较重视将民族数学文化融入整个课堂教学中,在导入和讲授新课部分运用民族数学文化内容的次数最多,在巩固与练习、小结和作业运用较少。

第三,教师在小学数学教学中运用民族数学文化的方式,主要是内在不可分离型,民族数学文化大多以显性的方式呈现。

第四,民族数学文化的教学功能主要体现在提供背景性情境、促进数学与民族文化交融、提供应用性情境方面。不同的民族数学文化有不同的教学功能定位,民族服饰和民族建筑的功能更为丰富,但也有民族数学文化的功能缺乏相应的载体。

对于民族地区教师来说,善于发现和挖掘民族数学文化,并且有效地将其运用于数学教学实践中,这对于培养学生学习兴趣和自信心,感受民族文化魅力,增强民族自豪感都有很大的帮助。此外,在民族数学文化融入小学数学课堂的实践中,还需关注以下三个方面的内容:

(1)开发民族数学文化资源。本研究表明,民族数学文化的内容分布还不够广泛,还有很多待开发的民族数学文化元素,特别缺乏民族数学发展史的相关内容。研究者需要走进民族村寨,巧用田野调查法,深入挖掘民族数学文化元素,为小学数学教学提供素材。

(2)形成民族数学文化教育研究共同体。本研究中,教师实施的教学案例,大多是自主开发,缺乏专业引领,理论深度不够。多元文化的研究应有不同类别的人员参与,呈现多维度、多视角的现象。一线教师、教研机构教研员和高校教师三者应加强合作,形成民族数学文化教育研究共同体,在团队中充分发挥各自的优势,把教学实践与教学理论更好地结合起来,使小学民族数学文化教育研究达到一个更高的层次。

(3) 发扬和传承民族数学文化。本研究发现,教师的案例并没有充分发挥体验民族文化的功能。少数民族数学教学既要传承以共性为主的统一多民族的主流文化,更要传承本民族的优秀文化。[①] 小学数学课堂是民族文化教学的主阵地,教师要通过在数学教学中融入民族数学文化,充分发挥民族优秀文化的育人价值。

---

① 付苗. 对我国少数民族数学教学中渗透本民族优秀文化的思考 [J]. 数学教育学报,2009,18 (5): 35-37.

参考文献

[1] Ascher M, Ascher R. Ethnomathematics [M]. In Powell A. B. Frankenstein M. (eds) Ethnomathematics: Challenging Eurocentrism in Mathematics Education. New York: State University of New York, 1997.

[2] 陈荟, 鲁文文. 我国民族地区教育均衡发展研究70年[J]. 西南大学学报（社会科学版）, 2019 (4): 19-28, 197.

[3] 陈朝东. 数学史在我国小学数学教材中的渗透[J]. 现代中小学教育, 2013 (3): 7-10.

[4] 陈朝东, 蒋秋, 张阳开. 中国小学数学教科书中少数民族元素的渗透探析[J]. 数学教育学报, 2014, 23 (5): 51-55.

[5] 蔡宏圣. 数学史：从象牙塔到小学课堂[J]. 课程·教材·教法, 2009, 29 (2): 40-44.

[6] 代钦. 释数学文化[J]. 数学通报, 2013, 52 (4): 1-4.

[7] Dickenson-Jones A. Transforming Ethno Mathematical Ideas in Western Mathematics Curriculum Texts [J]. Mathematics Education Research Journal, 2008, 20 (3): 32-53.

[8] D'Ambrosio. Ethnomathematics: Link Between Traditions and Modernity [M]. Rotterdam/Taipei: Sense Publishers, 2006.

[9] Fan L, Zhu Y, Miao Z. Textbook Research in Mathematics Education: Development Status and Directions [J]. ZDM Mathematics Education, 2013, 45 (5): 633-646.

[10] 付苗. 对我国少数民族数学教学中渗透本民族优秀文化的思考[J].

数学教育学报,2009,18(5):35-37.

[11] 顾沛. 数学文化 [M]. 北京:高等教育出版社,2008:6.

[12] 顾沛. 数学文化课的探索与启示 [J]. 中国大学教学,2012(2):17-19.

[13] 郭大烈. 纳西族传统文化及其保护 [J]. 云南社会科学,2001(6):52-55.

[14] Gerdes P. Ethnomathematics and Mathematics Education [A]. in A Bishop (ed). International Handbook of Mathematics Education [C]. Kluwer, 1996:909-930.

[15] 胡晓敏. 数学史融入小学数学教学的现状调查与分析 [J]. 小学教学(数学版),2010(4):6-8.

[16] 蒋秋,刘芳,邝孔秀. 数学文化融入小学数学教科书的编写策略探析 [J]. 数学教育学报,2015,24(5):92-95.

[17] 季诚钧,陈于清. 我国教师专业发展研究综述 [J]. 课程·教材·教法,2004,24(12):68-71.

[18] 教育部师范教育司. 教师专业化的理论与实践 [M]. 北京:人民教育出版社,2003:54-67.

[19] 匡双林. 德宏州民族地区小学数学教师数学文化素养调查研究 [D]. 昆明:云南师范大学,2018.

[20] Kroeber, A. L. & Kluckhohn, C. Culture:A Critical Review of Concepts and Definitions [M]. Cambridge:Harvard University, 1952.

[21] 李林波. 数学史料在小学数学教学中使用的质性研究——以北师大版数学教材为例 [J]. 现代中小学教育,2014(8):59-62.

[22] 李国强. 数学史素养及其提升:数学老师专业发展新视角 [J]. 中小学教师培训,2009(10):13-15.

[23] 李国强. 基于SOLO分类理论的数学教师数学史素养水平划分 [J]. 数学教育学报,2012,21(1):34-37.

[24] 李凯东,敏塔敏吉. 哈尼族多塔人文化实录 [M]. 昆明:云南人民出版社,2016.

[25] 吕传汉，张洪林. 民族数学文化与数学教育［J］. 数学教育学报，1992（1）：101－104.

[26] 吕传汉，汪秉彝，夏小刚. 贵州民族地区基础教育的跨文化数学教育研究［J］. 数学教育学报，2009，18（5）：83－87.

[27] 刘令，徐文彬. 我国小学数学教科书中数学史料的分析与批判［J］. 全球教育展望，2008（7）：87－91.

[28] 罗永超，张和平，杨孝斌. 中国民族数学研究述评及展望［J］. 民族教育研究，2015（1）：132－139.

[29] 刘柏宏. 从数学与文化的关系探讨数学文化素养之内涵——理论与案例分析［J］. 台湾数学教育期刊，2016，3（1）：55－83.

[30] 刘兼，孙晓天主编. 数学课程标准解读［M］. 北京：北京师范大学出版社，2002.

[31] 刘咏梅，刘军，廖云儿. 关于数学文化的几个问题的哲学思考［J］. 数学教育学报，2009，18（2）：18－22.

[32] 刘晓婷. H省少数民族聚居区小学教师数学教学知识的诊断与思考——基于BS县的调查分析［J］. 民族教育研究，2017，28（1）：67－72.

[33] 聂艳军. 数学文化视角下教材空间设计的实践［J］. 教学与管理，2014（5）：55－57.

[34] M. 克莱因. 西方文化中的数学［M］. 上海：华东师范大学出版社，2005：9.

[35] 孟梦，杨慧娟，李长毅. 数学文化在小学数学新教材中的实践研究——以西师版为例［J］. 数学教育学报，2012，21（2）：61－63.

[36] Pepin B, Gueudet G, Trouche L. Investigating Textbooks as Crucial Interfaces between Culture, Policy and Teacher Curricular Practice: Two Contrasted Case Studies in France and Norway［J］. ZDM Mathematics Education, 2013, 45（5）: 685－698.

[37] 彭光明，熊显萍，王美娜. 布依文化融入中小学数学课堂教学的举措与实践——以黔西南州布依族地区学校为例［J］. 数学教育学报，2019，28（5）：98－102.

[38] 齐民友. 数学与文化 [M]. 成都：四川教育出版社，1991.

[39] 芮金芳. 三种版本教材"你知道吗"统计分析与教学思考 [J]. 小学数学教育，2016（6）：36-37.

[40] 申玉红，杨启祥，周长军. 少数民族数学文化研究成果综述 [J]. 数学教育学报，2012，21（2）：17-19.

[41] 申玉红，杨启祥，周长军. 云南德宏傣族服饰中的数学文化 [J]. 数学教育学报，2013，22（1）：66-69.

[42] 孙杰远. 试论民族数学的数学教育价值 [J]. 西北师范大学学报（自然科学版），1994（1）：99-102.

[43] 孙卫红. 小学数学新教材"数学文化"学习效果的调查分析 [J]. 数学教育学报，2004，13（3）：62-63.

[44] 苏德，王渊博. 云南民族基础教育政策实施情况的调查及对策研究——以德宏州陇川县为例 [J]. 民族教育研究，2010，21（4）：5-8.

[45] 宋乐乐. 数学文化在小学数学教科书中的呈现研究——以"北师大版"教科书为例 [D]. 长春：东北师范大学，2012.

[46] 沈春辉，柳笛，汪晓勤. 文化视角下"中新美法"四国高中数学教材中"简单几何体"的研究 [J]. 数学教育学报，2013，22（4）：30-32.

[47] 沈春辉. 中法高中数学教材中的数学文化比较研究 [D]. 上海：华东师范大学，2012.

[48] 唐恒钧，张维忠，李建标，等. 澳大利亚数学教材中的数学文化研究——以"整数"一章为例 [J]. 数学教育学报，2016，25（6）：42-45.

[49] 王建磐，汪晓勤，洪燕君. 中、法、美高中数学教科书的数学文化比较研究 [J]. 教育发展研究，2015，35（20）：28-32，55.

[50] 王郢，李宁银. 多样化背景下教材特色题材编写的初步尝试——以西南师大出版社的小学数学教材为例 [J]. 教育探索，2011（5）：25-30.

[51] 王郢. 中国数学教育研究会2010年国际学术年会论文集 [C]. 全国数学教育研究会：中国高教学会高等师范教育研究会数学教育会，2010：6.

[52] 王久红. 小学数学教材数学文化内容的编写 [J]. 教育理论与实践，2010（2）：22-24.

［53］汪晓勤. 数学史与小学数学教学［J］. 江苏教育（小学教学），2015（5）：8-11.

［54］吴骏，徐锦野. 不同版本小学数学教材中数学文化的比较［J］. 教学与管理，2017（29）：53-55.

［55］吴骏，汪晓勤. 数学史融入数学教学的实践：他山之石［J］. 数学通报，2014（2）：13-20.

［56］吴骏，丁雪艳. 中美小学数学教材平均数概念比较研究［J］. 云南教育（小学教师），2017（5）：9-10.

［57］吴骏，李娜，管尤跃.《小学教学》（数学版）2014-2018年载文分析——基于《小学数学教与学》的视角［J］. 小学教学（数学版），2019（11）：29-32.

［58］武斌. 云南民族地区小学生数学文化素养调查研究［D］. 昆明：云南师范大学，2019.

［59］邢福弟，王月梅. 数学文化在小学数学课堂中的有效渗透［J］. 小学教学研究（教学版），2010（5）：36，42.

［60］肖光强，秦进，余显志. 我国数学文化研究述评［J］. 遵义师范学院学报，2009（1）：80-82.

［61］肖绍菊，罗永超，张和平，等. 民族数学文化走进校园——以苗族侗族数学文化为例［J］. 教育学报，2011，7（6）：32-39.

［62］肖绍菊，陈粤媛. 苗族银饰文化融入小学数学课堂的教学实践——以两位数乘两位数的教学为例［J］. 凯里学院学报，2014，32（6）：149-153.

［63］徐锦野. 小学数学教材中数学文化的比较研究［D］. 昆明：云南师范大学，2017.

［64］徐君，赵志云，田强，等. 少数民族中学数学教师数学史素养调查研究——以内蒙古自治区包头市部分中学蒙古族教师为例［J］. 数学教育学报，2011，20（4）：80-82.

［65］熊妍茜. 数学文化在小学数学课堂教学中的实践探索［D］. 重庆：西南大学，2016.

［66］叶澜. 新世纪教师专业素养初探［J］. 教育研究与实验，1998（1）：

41-46, 72.

[67] 杨庆舒, 穆勒滚, 申玉红, 等. 德宏少数民族文化融入小学数学课堂的实践——以"数据收集整理"教学为例 [J]. 兵团教育学院学报, 2017, 27 (4): 36-39.

[68] 杨庆舒, 申玉红, 穆勒滚. 阿昌文化融入小学数学课堂的教学实践——圆的认识教学设计 [J]. 德宏师范高等专科学校学报, 2016, 25 (4): 126-129.

[69] 杨玉聪. 白族民俗数学融入小学数学教学的探索与实践 [D]. 昆明: 云南师范大学, 2018.

[70] 杨豫晖, 魏佳, 宋乃庆. 小学数学教材中数学史的内容及呈现形式探析 [J]. 数学教育学报, 2007, 16 (4): 80-83.

[71] 杨新荣, 宋乃庆. 国际民俗数学研究: 特点、趋势及启示 [J]. 民族教育研究, 2011 (6): 32-35.

[72] 杨豫晖, 吴姣, 宋乃庆. 中国数学文化研究述评 [J]. 数学教育学报, 2015, 24 (1): 87-90.

[73] 杨梦洁, 王彭德, 杨泽恒. 白族文化中数学元素的挖掘 [J]. 数学教育学报, 2017, 26 (2): 80-85.

[74] [英] 泰勒. 原始文化 [M]. 蔡江浓编译. 杭州: 浙江人民出版社, 1988.

[75] 岳增成. HPM对小学数学教师教学设计能力影响的个案研究 [D]. 上海: 华东师范大学, 2019.

[76] 周长军, 穆勒滚, 赵建红, 等. 基于少数民族数学文化背景下的小学数学教学个案研究——以云南德宏傣族景颇族自治州陇川县为例 [J]. 数学教育学报, 2018, 27 (3): 85-92.

[77] 周长军. 民族数学文化教育教程 [M]. 北京: 中央民族大学出版社, 2019: 69-130.

[78] 周秋嘉, 肖绍菊. 把苗侗建筑文化引入小学数学课堂的教学尝试——"三角形的特性"教学与反思 [J]. 凯里学院学报, 2014, 32 (6): 159-162.

[79] 中国大百科全书 (社会学卷) [M]. 北京: 中国大百科全书出版社,

1991：411.

[80] 赵成志. 小学数学文化教学的课堂透视 [J]. 教学与管理, 2011 (5)：31-32.

[81] 赵雪. 潜移默化 润物无声——从人教版教材"你知道吗"看数学文化的渗透 [J]. 小学数学教育, 2011 (4)：5-6.

[82] 张伟, 杨庭. 根据小学生心理特点在课堂中渗透数学文化 [J]. 重庆第二师范学院学报, 2017 (6)：81-84.

[83] 张奠宙, 梁绍君, 金家梁. 数学文化的一些新视角 [J]. 数学教育学报, 2003, 12 (1)：37-40.

[84] 张同道. 艺术理论教程 [M]. 北京：北京师范大学出版社, 2009.

[85] 张阳开, 熊妍茜, 蒋秋. 小学数学教材应用少数民族数学文化的现状与思考 [J]. 教育导刊, 2014 (11)：61-64.

[86] 张辉蓉, 冉彦桃, 张桢. 教师数学文化素养的内涵与特征分析——基于数学文化课例的解读 [J]. 数学教育学报, 2019, 28 (5)：65-69.

[87] 郑强, 邱忠华, 杨鹏. 教育形态数学文化的研究对数学教育的启示 [J]. 数学教育学报, 2008, 17 (3)：21-22.

[88] 郑毓信. 民俗数学与数学教育 [J]. 贵州师范大学学报（自然科学版）, 1999 (4)：90-95.

[89] 郑毓信, 王宪昌, 蔡仲. 数学文化学 [M]. 成都：四川教育出版社, 2000.

附 录

小学数学文化调查问卷（数学教师问卷）

老师，您好！真诚感谢您参与小学数学教师数学文化的调查。本问卷采用不记名方式填写，结果仅用于科学研究，请根据您的实际情况自行独立填写，我们将对你的答案给予严格保密，请您放心做答。问卷共两页，正反两面都有，请不要漏题！谢谢您的支持！

什么是数学文化呢？狭义地说，是指数学的思想、精神、方法、观点，以及它们的形成和发展；广义地说，除上述内涵外，还包含数学家、数学史、数学美、数学教育、数学发展中的人文成分、数学与社会的联系、数学与各种文化的关系，等等。

一、基本信息（请在选项上打"√"或者填写）

1. 您的性别：①男　②女
2. 民族_____
3. 任教年级_____
4. 您的学校处于：①城市　②县城　③乡镇　④村庄
5. 您的学校性质：①重点学校　②一般学校　③其他
6. 您的教龄：①5年及以下　②6–10年　③11–15年　④16–20年　⑤21年及以上
7. 您的最后学历为：①高中、中师及以下　②专科　③本科　④硕士及以上
8. 您获得最高学历的专业是_____
9. 您的职称：①三级教师　②二级教师　③一级教师　④高级教师

二、请在合适的选项上打"√"或者填写

1. 您认为数学文化重要吗（   ）
   - A. 非常重要
   - B. 比较重要
   - C. 不太重要
   - D. 不重要

2. 您了解数学课程标准对数学文化的要求吗（   ）
   - A. 非常了解
   - B. 比较了解
   - C. 不太了解
   - D. 不了解

3. 您对教材中数学文化知识内容了解吗（   ）
   - A. 非常了解
   - B. 比较了解
   - C. 不太了解
   - D. 不了解

4. 您认为在小学数学课堂教学中，有必要结合数学文化知识进行讲解吗（   ）
   - A. 很有必要
   - B. 有必要，但要看实际情况
   - C. 说不清楚
   - D. 完全没有必要

5. 您认为以数学文化为背景编制小学数学试题有意义吗（   ）
   - A. 非常有意义
   - B. 比较有意义
   - C. 不太有意义
   - D. 没有意义

6. 您认为数学像文学、绘画、音乐那样，具备欣赏价值（   ）
   - A. 完全赞同
   - B. 比较赞同
   - C. 不太赞同
   - D. 不赞同

7. 阿拉伯数字的发明人是（   ）
   - A. 阿拉伯人
   - B. 印度人
   - C. 中国
   - D. 不知道

8. 世界上最早使用负数的是在（   ）
   - A. 印度著作
   - B. 阿拉伯著作
   - C. 中国著作
   - D. 不知道

9. 古代知识来源于实践，古代埃及的几何学产生于（   ）
   - A. 测地
   - B. 宗教
   - C. 天文
   - D. 不知道

10. 数学的第一次危机的产生是由于（   ）
    A. 负数的发现   B. 无理数的发现
    C. 虚数的发现   D. 不知道

11. 我国哪位数学家最早证明勾股定理（   ）
    A. 宋元时期的杨辉   B. 三国时期的赵爽
    C. 魏晋南北朝的刘徽   D. 不知道

12. 《几何原本》的作者（   ）
    A. 阿基米德   B. 欧几里得
    C. 柏拉图   D. 不知道

13. 解决了"哥尼斯堡七桥问题"的数学家是（   ）
    A. 高斯   B. 欧拉
    C. 庞加莱   D. 不知道

14. 被称为"数学皇冠上的明珠"是（   ）
    A. 哥德巴赫猜想   B. 勾股定理
    C. 数字黑洞   D. 不知道

15. 您了解斐波那契数列（俗称兔子数列）吗（   ）
    A. 比较了解   B. 了解
    C. 不太了解   D. 不了解

16. 您知道莫比乌斯带有几个面吗（   ）
    A. 一面   B. 两面
    C. 三面   D. 不知道

17. 黄金分割的比例是多少（   ）
    A. 0.616   B. 0.614
    C. 0.618   D. 不知道

18. 两个多位数相乘有一种方法叫做"格子乘法"，你了解这种方法吗（   ）
    A. 比较了解   B. 了解
    C. 不太了解   D. 不了解

19. 推导平行四边形面积公式用到的基本原理是_____

20. 我国古代数学家刘徽利用割圆术计算圆的面积，其中体现的思想是_____

21. 写出3种（或更多）数学思想和方法

22. 您认为教师在教学中运用数学文化产生的作用主要包括（   ）（请选择最主要的三个，并按重要程度排序）

①激发兴趣和成就动机　②揭示知识的来源和应用　③促进学生深刻地理解数学　④帮助学生形成数学观　⑤发展理性精神和创新性思维能力　⑥发挥数学文化的教育功能

⑦其他（请填写）_____

23. 您在课堂教学中如何运用数学文化知识（   ）（可多选，请按使用次数从多到少排序）

①导入教学课题　②用于课堂结束语　③展示知识背景　④与教学内容结合

⑤其他（请填写）_____

24. 您在课堂教学中运用数学文化知识存在的主要问题（   ）（请选择最主要的三个，并按重要程度排序）

   A. 所掌握的数学文化知识不足　　B. 课堂教学时间不足

   C. 数学文化内容是否纳入考试中　D. 教学效果不好

   E. 缺少参考案例

   F. 不知道如何结合教材来使用

   G. 其他（请填写）_____

25. 您的数学文化知识来源（   ）（可多选）

①在大学学过　②与其他数学老师交流中听说的　③从书籍、期刊中了解到的　④通过网络资料学到的　⑤通过讲座或培训习得　⑥从未学过

⑦其他（请填写）_____

26. 您阅读过教材中"你知道吗?"这个栏目吗（   ）

   A. 阅读过大部分　　B. 阅读过少部分

   C. 几乎没阅读　　　D. 不知道

27. 您曾听过在数学教学中渗透数学文化的公开课吗（　　　）

  A. 经常有   B. 偶尔有

  C. 很少有   D. 从来没有

三、开放题

28. 您在数学教学中有运用数学文化的经历吗？举例简要说明。

小学数学文化调查问卷（六年级学生问卷）

亲爱的同学，你好！

  真诚感谢你参与小学生数学文化的调查，本份问卷的目的在于了解小学生对数学文化知识的理解以及掌握的情况。请认真、独立填写本问卷，我们将对你的答案给予严格保密，问卷所得结果只作为调查研究获取信息的一种参考。本问卷匿名回答，请放心做答，谢谢配合！

  什么是数学文化呢？狭义地说，是指数学的思想、精神、方法、观点，以及它们的形成和发展；广义地说，除上述内涵外，还包含数学家、数学史、数学美、数学教育、数学发展中的人文成分、数学与社会的联系、数学与各种文化的关系，等等。

  小学数学文化主要指教材中"你知道吗？""数学游戏""生活中的数学"等栏目中的内容。

一、基本信息

1. 你的性别：_____

2. 民族：_____

3. 你的学校处于：①城市　②县城　③乡镇　④村庄

二、请在括号中填写合适的选项

1. 你对教材中"你知道吗？""数学游戏""生活中的数学"的内容了解吗（　　　）

  A. 非常了解   B. 比较了解

C. 不太了解　　　　　　　　D. 不了解

2. 你希望通过怎样的方式学习"你知道吗?""数学游戏""生活中的数学"的内容（　　）

    A. 教师在教学内容中穿插　　B. 课堂中自主阅读

    C. 网络学习　　　　　　　　D. 课外自学

3. 你认为数学像文学、绘画、音乐那样，具备欣赏价值（　　）

    A. 完全赞同　　　　　　　　B. 比较赞同

    C. 不太赞同　　　　　　　　D. 不赞同

4. 你认为学习"你知道吗?""数学游戏""生活中的数学"的内容对学习数学起到的作用是（　　）

    A. 大大促进了数学学习　　　B. 对数学学习略有帮助

    C. 没有起到任何作用　　　　D. 起到阻碍作用

5. 学习"你知道吗?""数学游戏""生活中的数学"的内容对培养兴趣、情感、意志的作用（　　）

    A. 非常有利于培养　　　　　B. 比较有利于培养

    C. 不利于培养　　　　　　　D. 阻碍培养

6. 学习"你知道吗?""数学游戏""生活中的数学"的内容后自己对数学学习的效果（　　）

    A. 更加热爱学习数学　　　　B. 感到学习数学有趣味

    C. 与先前没什么变化　　　　D. 对学习数学不感兴趣了

三、选择题（请将你认为正确的选项填入相应的括号内）

7. 《九章算术》是世界上最早的数学经典之一，它是（　　）

    A. 中国著作　　　　　　　　B. 印度著作

    C. 巴比伦著作　　　　　　　D. 埃及著作

8. 三百多年前，法国数学家提倡用（　　）代表未知数，形成了现在的方程

    A. 图形　　　　　　　　　　B. 字母

    C. 符号　　　　　　　　　　D. 数字

9. 古时候，人们在生产劳动中，逐渐产生了哪些计数方法（　　）（可以多选）。

　　A. 实物计数　　　　　　　　B. 结绳计数

　　C. 刻道计数　　　　　　　　D. 纸张计数

10. 把 1 到 100 的整数加起来，历史上的数学家采用哪一种方法（　　）

　　A. $1+2+3+\cdots+100$

　　B. $1+100=101$，$2+99=101$，…，即结果为 50×101

　　C. $1+3+5+\cdots+99$，$2+4+6+\cdots+100$

　　D. $10+20+30+\cdots+100$，$1+11+21+\cdots+91$，…

11. "把一个图形分割、移补，而面积保持不变，来计算出它的面积"采用的是（　　）原理

　　A. 代数　　　　　　　　　　B. 几何

　　C. 出入相补　　　　　　　　D. 分解

12. 测量一片树叶的周长最好的方法是（　　）

　　A. 用直尺测量　　　　　　　B. 用线围绕树叶一圈后，再用直尺量

　　C. 用大小相似的叶子量　　　D. 用三角尺量

13. 在建筑、艺术和设计领域，许多作品给人以整体上的和谐与悦目之美，这是运用了（　　）

　　A. 正方形原理　　　　　　　B. 正三角形原理

　　C. 黄金分割原理　　　　　　D. 长方形原理

14. "七巧板"中有正方形、平行四边形和（　　）

　　A. 梯形　　　　　　　　　　B. 三角形

　　C. 圆　　　　　　　　　　　D. 长方形

15. 常用的家具都是四只脚的，如果地面不平，就要反复调整或给某个脚下垫东西才能稳定，有些三只脚的凳子或圆桌，怎么放置都很稳定，不用调整，即使三只脚不一样长也不影响稳定。这是因为（　　）

　　A. 三角形具有稳定性　　　　B. 两点之间线段最短

　　C. 矩形的对称性　　　　　　D. 矩形的四个角都是直角

四、判断题（正确打"√"，错误打"×"）

16. 通常，我们把 1、2、3、4、…、9、0 称为"阿拉伯数字"，这些数字是阿拉伯人发明的（   ）

17. 直线上的点与表示具体的数一一对应，这种数学思想是集合思想（   ）

18. 我国古代数学名著《九章算术》中是这样的："方自乘，以高乘之即积尺。"就是说先用边长乘边长得底面积，再乘高就得到长方体的体积（   ）

五、简答题

19. （1）请勾画出以下你所熟悉的数学家。

华罗庚　　陈景润　　祖冲之　　欧几里得　　哥德巴赫　　高斯　　欧拉
陈省身　　刘徽　　杨辉　　苏步青　　牛顿　　笛卡尔　　毕达哥拉斯

（2）请在以上你所勾画的数学家中，选出一位数学家，说说他的主要贡献或对他的认识。

20. 你认为学习数学有什么作用？

小学数学教师访谈提纲

1. 您喜欢数学文化吗？为什么？
2. 您知道《数学课程标准》中关于数学文化的论述吗？
3. 在数学教学中运用数学文化，数学文化起到什么作用？
4. 在数学教学中运用数学文化，教师起到什么作用？
5. 您对教材中的数学文化栏目了解哪些？阅读过与数学文化相关的其他书籍吗？
6. 您认为自己目前的数学文化知识怎么样？能否满足数学教学的需要？

7. 您知道第一次数学危机是什么吗？您是如何知道的？

8. 您是通过哪些途径获得数学文化知识的？您认为最重要的途径是什么？存在哪些困难？

9. 您对教材中数学文化知识是怎样处理的呢？您会跟学生讲教材中"你知道吗？"这个栏目吗？您会向学生介绍一些有关数学家的故事或数学发展的重大事件吗？

10. 在您的执教过程中，您会有意识地渗透数学思想方法吗？您能举例说明吗？

开放题

11. 请您谈谈民族数学文化背景和教育条件对小学数学文化教学的影响。

小学数学文化知识调查研究
——六年级学生访谈提纲

1. 你对数学感兴趣吗？是什么激发了你对数学的兴趣？
2. 在数学课堂中，你最喜欢哪一节课？你最感兴趣的是哪一个内容？
3. 你了解数学课本中的有关"你知道吗？""数学游戏""生活中的数学"的内容吗？你最感兴趣的是哪一个？请举例说明。你是怎么知道这部分内容的？
4. 老师会介绍一些有关数学家的故事或数学发展的重大事件吗？
5. 除课堂以外你有通过其他途径了解数学知识吗？什么途径？
6. 在众多数学家中，你喜欢哪些？说说你的理由。你是通过什么样的途径认识这些数学家的？
7. 联系实际生活，谈一谈数学在生活中的应用。
8. 你知道平年、闰年吗？
9. "$1+2+3+\cdots+100$"你是怎样计算的？哪个数学家提出了这个方法？